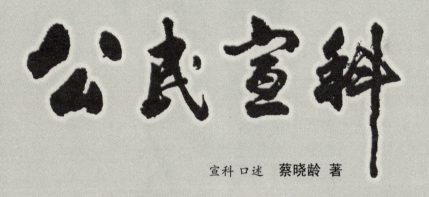

公民宣科

宣科 口述　蔡晓龄 著

云南大学出版社

序

　　这不是一部由主人公叙述、再由秘书或书记员录音记录整理而成的文字。这也不是一部预先设计再针对一个个问题展开访谈后笔录成的文字。更不是人物传记。它是散文，以某个人为表现对象的散文。

　　从第一次走进宣科庄园他的书房，到全书画上最后一个句号，历经 4 年。从第一次知道有这个人并坐在讲台下成为他的学生，到见证他成为世界名人，其间 34 年。可以说，他一直是小地方最标新立异的人物，我也一直没有停止过对他的观察。

　　4 年前的初春，我们开始每周两个上午在他的书房漫谈，并形成了惯例。他一边回忆自己的一生经历，一边对视野范围里的人和事作出异乎寻常的评价。阳光从整面落地窗户倾泻进来，均匀地铺满书房；他的生活秘书小赵不时来给我们续上茶水，按他的吩咐从某个抽屉里拿出一包烟卷递到他手中；两只白色北京犬——小宝和丁丁，一左

一右卧在他身前的地毯上，等着他给它们一个抚摸，有时等得倒在地上打起了呼噜；窗外繁花似锦，火鸡在花丛中悠闲漫步；屋子里飘荡着淡蓝色烟雾，他的脸罩在静谧与神秘里，手里的烟燃完一支又接一支；我沉默着，不催促他，也不打断他，只聆听。4年来，他习惯了倾诉，而我学会了聆听，我们联手在做一件对后人很有意义的事情。

书中涉及的人和事都是他亲口所述，完全忠于主人公提供的史实。一般我们在工作了六七次后，那些素材会搅合在一起，慢慢浮现出某个类似主题的东西。思想的灵光一现，我会紧紧抓住它，然后，把自己变成宣科。变成历史处境中的某个具体事物。怎么说呢，就好比演员拿到一个剧本，得到一个角色，然后全身心进到剧本里，把自己当做了那个角色。你以为你就是那个角色，你用他的方式思考，用他的动作做事，用他的口气说话，代替他在历史中现身。如此轮回。

就这样，4年过去，得到40个单篇，平均每年10篇。每个标题或主题，都是人生智慧的结晶，仅仅就内容而言，它们弥足珍贵。至于语言艺术，那就要看读者的评价了。对我而言，这是一次探索，我只能这么写。写人的散文，我把它写成了现在这个样子。它的结构是活页夹似的，你可以任意选择一个标题看下去，不会破坏全书的整体性。

这是我这辈子写得最慢最辛苦的一本书。而我的主人公，仍然是一个深渊，一个谜。

蔡晓龄

2011 年 9 月

目录

我是谁

儿时的宣科坐在
天井中的澡盆里

　　这是折磨着每个人的最顽固的问题，随时要到大脑里
来闹腾你。生命是时时更新秒秒变化的东西，下一分钟的
你已经不是原来的你，是一个连你都要对它重新认识的东
西，所以你不可能说清楚这个问题。

　　我最早的社会活动是在童声唱诗班唱歌，那时我大约
三四岁。指导我们唱歌的外国人对我父亲说："这孩子可
能要成大音乐家。"我就把他的话牢牢记住了。人的本性
就是记好不记丑，我因此就知道了做音乐家是一件光荣的
事情，自然而然在这方面下功夫，这就叫立志。今天的父
母和学校要知道立志是人生第一要紧事务，对青少年来说，

别人的评价往往决定他发展的方向，要知道一句话很可能就决定了别人的一生，所以跟青少年说话要多鼓励，哪怕夸张一点也不要紧。

1948 年我狂热地迷恋革命和冒险，参加学生爱国运动被送进了监狱，那时我仅仅是教会中学的一名学生。我被保释后加入了"解一团"，成了革命队伍中的战士。这支部队的成员基本上来自广东和海南，有很多黎族兄弟，他们说的话很难懂。当时我们要去解放文山，子弹的呼啸声成了唯一的音乐。开始的时候我听见"嘘——"的长音，赶紧掩护自己。战友们打趣道："小家伙，子弹离我们远得很呢，你慌什么！"原来"嘘——"的呼啸声，也就是我们在电影里经常听到的那个由高到低的长下滑音并不可怕，可怕的是沉闷短促的"突突突"、"嘟嘟嘟"的声音，那就是子弹在身边的声音。那些声音过去很多年了，但我相信它们肯定加深了我对音乐的理解。

1957 年我再次入狱，这一下子就关了 21 年。27 岁到 48 岁，一个英俊才子最宝贵的年华，全付与艰苦卓绝的苦力劳动，没有贝多芬，没有巴赫、海顿，没有钢琴，没有春天田野上铺天盖地的青草野花，没有但丁的贝阿德丽采，只有球磨车间恐怖的摩擦声，那是噪音，也是唯一的音乐。球磨就是比排球小一点的几个钢球安置在一个容器里，利用它们的摩擦力把矿石磨成粉末，那种重锤敲击般的撕心裂肺的冲击可以置敏感或心脏脆弱的人于死地。从早到晚，球磨的轰鸣声笼罩着每一寸空间，你无路可逃。我想出了一个办法来减轻噪音的杀伤力，一个简单的秘诀，就是把耳朵用棉花球堵上，这样听起来噪音就小多了，我就这样帮助自己平息下来。那些嫉妒我的人看到这里应该能化解他们心中的仇恨了吧？我是这么普通，在生活的最底层顽强地存活下来，我所经受的痛苦磨难，让他们受一天恐怕都受不了，跟我比他们并不吃亏，所以没有必要恨我，因为生活并没有多给我什么，除了苦难。

我还当过摇床工。矿石磨碎后，就被水冲上摇床。矿石粉末的成分很复杂，要把它们区分开，就靠洗床。物质的成分不同，比重就不同，上了洗床，用一定的力度摇晃它，同类的物质就聚集到一起，所以你凭距离就可以找到你要的东西。见过金沙江边的人淘金没有？就是用这个原理。当年美国人到西部淘金，也是用这个方法。摇床工靠颜色就可以区分那些粉末的成分，黑色的叫次金矿，金色的叫金矿，无用的杂质就将其丢弃。有用的粉末用车拉到个旧，炼成锡锭，这就是我们的产品。市场上饱受赞美的那些精美的锡壶锡杯，上面有我们的血汗。一个人身上的能量就是这样转化到事物身上，可以这样转化，也可以那样转化，没有谁规定过只能有一种转化方式，所以遇到挫折的时候千万不要怨天尤人，条条道路通罗马，这方面的路子堵死了，那边又给你打开了许多条路，你要做的就是在生活给你的路子上走下去，一直走到柳暗花明又一村。我所理解的节奏、旋律肯定跟洗床的运动有关，我对生命的看法也跟那些球磨的叫声矿石粉末的颜色纠缠在一起。这不是损失，而是对我的成全，别的音乐家没有这样的机遇。我的受难是上天在以特殊的方式表示对我的青睐。年轻人对待不如意的事情就应该这么想，你的深刻与成熟就是这样冶炼出来的，所以你对一切不如意要深深感恩！

　　我第二次出狱已经 48 岁。回到老家丽江，住在从小就熟悉的街道，我只想着新的生命历程已经开始。在回家途中经过昆明，我特意去看望一位德高望重的省文联领导，他是我的同学，当年一起参加学生运动的战友。没想到我被堵在门口草草打发，连门都没让进。我当年教过的一个学生也在文化部门当领导，她干脆装作不认识我。这就叫世态炎凉。这些屈辱打不垮我，我已经耽误了那么多年，生活这么美好，我要如饥似渴地迎接每分每秒，没时间在多愁善感上耗工夫。街道办事处的领导很快就发现我很有用处。那时侯讲深挖洞，全国都在挖防空洞。领导问我懂不懂，我挖过矿的，挖防空洞算得了什么？于是我就当了技术指导。那以后我在商业局车队当押车员，每天到原始森林里拉大木料，我的音乐就是一路的风声鸟声。一车木料拉回来，其中一根要归押车员，这是不成文的规矩，大概就等于今天的人拿的回扣。驾驶员把剩下的木头留给我，说："这是你的，拿回家去。"我说："我不要"，就真的不要。别人都说我傻。那时候物资匮乏，一截木头可以有很多用场，但我不要，因为君子爱财，取之有道，我不愿意占那样的便宜。

　　差不多 20 来年了吧，我每天晚上在古乐宫作现场讲解。不做作地说，我知道有一半的观众是冲着我的演说而来，所以我必须把话说得很精彩才对得起观众。有一天晚上，我在台上发了点牢骚，把现在的年轻人最崇拜的明星贬了一通，我说他们的音乐是自欺欺人之作，无病呻吟搔首弄姿只是为了吸引异性……我正说得起劲，忽然，台下呼啦一下打出了两条横幅，其中一条写着"向恩师宣科老师致敬"！另一条写着"昆明市离休教师旅游团"，紧接着一群人站了起来。我惊讶不已，看他们一个个白发苍苍老态龙钟，有的还挂着拐杖，怎么会对台上欢蹦乱跳满头黑发的我称起老师来？我小心地问："你们是什么人？"他们大声叫："28班的，老师怎么忘了？"天啊，我这才想起来我当年曾在昆明护国中学教高中英文，那时我很年轻，老师学生年纪相当，甚至一些学生比老师的年纪还大，今天居然梦幻般地在这里重逢了！

宣科先生全家福

最爱最恨的地方

红河。个旧。建水。已经 30 年了，一提起这些地名，我还是觉得心如针锥。那里已经成为我的又一个故乡，我不可能不去想它们。一个本来该创造神话的传奇英雄最宝贵的 21 年青春岁月，他那只有他才有的最俊美的胸大肌，他那象初恋少女一样敏感蓬勃的求知欲，他那天才的野心和征服世界创造奇迹的渴望，他那罗曼蒂克爱情梦幻，他那本来只应该属于钢琴和指挥棒的优美手指，全都遗落在红河州绵延起伏的矿山深处，再也找不到痕迹……

很多时候，我绝望而天真地安慰自己：也许，在世界的某个地方，保存着一块由当年云南省新建锡矿 103 信箱生产的锡锭，上面刻着生产这块锡锭的工人的名字：宣科……

没有不恋旧的人。在红河那些年，我埋头苦干，喝那里的水，吃那里的粮，吸那里的尘土，我的内脏，我的血液，全是红河的味道。我领红河的工资，娶了红河的姑娘，生下了红河的儿子。不管这些是不是我想要的，我毕竟在认

青年时代的宣科，时年 26 岁（摄于 1956 年）

认真真做人做事，建设自己的人生。就在这种矛盾与冲突、幸福与卑微相交织的朴素艰苦的境遇里，我变成了红河人。从此以后，走到哪里，我怎么可能不想它？

1978 年 2 月 2 日，我烧成灰也不会忘记这个日子。

出狱的时刻就在眼前。

这是一个被期盼了 21 年的日子。盼星星盼月亮，熬过了多少个日日夜夜分分秒秒才盼来了这个时刻，真正到来的时候却令人麻木，就象在梦中一样恍惚。只是别扭。一棵扎下了根的大树已经接受了它的宿命，却突然要移栽到新的地方，很多力量使它不能拒绝，但它很难受很难受。

我走向 308 钻探队的货车，把行李朝车厢上一丢，对自己说：一切都结束了。

好多人来送我。想到今后可能没有再见的机会了，有的因友对着我哭起来。那时候我已经在建水安了家，我的宝贝儿子降临人世已经有三个月。

我故意乐呵呵地说，大家不要伤心，将来要是有机会到了丽江这个地方，一定要来找我。说罢，我决绝地跳上无遮拦的车厢，迎风站在最前面的位置上。

车动尘起，沙尘扑进我的双眼，熟悉的风景漫游在我的眼球，我一直没有回头，胸中热泪汹涌。

看着吞噬了我 20 年光阴的金竹林渐渐消失在视线中，我发下毒誓："以后撒尿都不朝向这个方向！"

我多么幼稚。这么发誓，以为自己已经彻底向往事告别，一切都一笔勾销了，砍断了丢掉了，再也不用去想它了。我如此单纯地带着家小回到第一故乡，这辈子，我是再也不去红河的了。我发誓时说的那句话很毒，那是我们云南人的俗话中最无情的话语了，它意味着永别。

可是谁又能想到呢，1999 年 4 月，也就是说再过了 21 年，我又踏上了红河州的土地。又是 21 年！ 21，这个数字里包含着什么魔法？

红河州人民政府正式聘请我担任文化艺术顾问。好像知道我心中的顾虑，他们热情地给我做思想工作，说你是个旧培养出来的世界名人，个旧人民为你感到骄傲自豪，你应当为红河州的建设发展再立新功！到红河来走走吧，我们欢迎你！

我本来以为我是一个记仇的人。记仇的人最重感情，牢记细节，内心脆弱。我以为我会反抗，作出过激反应。可是我找不到理由来谢绝他们的好意，那就跟他们一起上路吧。我一边在路上走一边琢磨，我这是怎么了，人已经在路上了，心思却不知道在哪里。直到踏上了红河的土地，我还在想该不该去红河。

他们把事情弄得很隆重，还安排我给党政军干部作一个讲座，地点安排在烟草公司八楼大会议厅。他们抓住了我这个人的弱点，我喜欢说话，一个演说家不可能拒绝听众，他们一安排讲座，我就非去不可了，我的钢铁誓言也在那一刹那化成了昔日云烟。这是我走进会议厅的那一刻才搞明白的：上帝呀，宣科这个名字决定了我的命运，这太有讽刺意味了。

我这次再返红河等于是"衣锦还乡"，当年的囚徒摇身一变成了世界文化名人，我当然要好好表现自己。

讲什么好呢？

我想到了使我崛起于中外音乐界的成名论文《音乐起

源于恐惧》。这个观点一问世就震惊了世界。我心里有了思路，故意用讥讽的口吻开头。

"各位尊敬的朋友，今天我要讲一讲我写的《音乐起源于恐惧》这篇文章。这个命题不仅耸人听闻，而且有点象发高烧的人说的胡话。从小就有老师教导我们说，世界上一切有价值的东西都是劳动创造的，老师的话不可能错。但是，一个叫作宣科的家伙居然跳出来跟大师作对，说音乐的产生是恐惧造成，他有什么证据？"

场子里一下子安静下来，连头发丝晃动的声音都听得清清楚楚。我知道大家被吸引住了，正屏住呼吸注视着我。我要的就是这个。

我的兴奋劲马上就上来了，刚想接着说下去，一个突然杀出来的声音打断了我。

"宣科，你忘了？我们是一个组的成员呢。"

我看着他，想不起来。只好礼貌地问："请问您是……"

我用了"您"来称呼他。云南人只习惯说"你"，他们不说"您"。

"人大常委会副主任，姓王，是你在监狱时候的工友。"

我恍然大悟。

他好像忘了周围人的存在，大声吼道："你看起来很年轻嘛！"

我无比自信地回答："那当然了，我从来不会老。"

气氛马上活跃起来。他又对我喊："你就讲讲我们在里面的生活。我知道你是画家，到处有人请你画墙画，搞展览，五一路工人文化宫的油画是你画的，还记得吗？"

这简直象地下工作者接头的时候对暗号，一点都不能错。

我抢过去说："公安支队礼堂的 11 张领袖像也是我画的，画框有一米八高，一米四宽。"

"是的是的。"他高兴了，又问我："你走的那天说了什么？要不要我来告诉你？"

我不假思索地说："不瞒大家，说了好多客套话，其实心里面在发誓，从今以后连撒尿都不朝向红河这边！"

他看我不像是来报仇雪恨的样子，戏谑道："你现在可以撒了。"

我明白了他的意图，故意严肃地说："不可以！要是不小心撒在大家身上那多不好。"

满堂大笑。笑声好一阵都停不下来。

幽默是拿学识做底衬的艺术行为，轻轻一个手势，随便一句话，都会震撼心灵。刚才的话语太粗野了，但是要看由什么人来说。我的意思大家已经看出来了，那就是说我已经战胜了自己，放弃了记恨，而且我已经回来了，我用行动表明了自己对红河的感情，至于当年的苦楚，不妨一笑置之。

到了红河，自然要回新建矿看望故人。

听说我回来了，大家都来探望。一个老熟人对我说："宣老师，好多年了，你样子怎么不变啊？"

我马上打断他。"不要喊我老师。别人喊就让他们喊，你们不能喊，你们跟我是患难兄弟，你见过哥哥喊弟弟老师的吗？"

又一个声音说："那些年你吃苦吃得够多了，一有空就拿本英汉词典在那里背诵，我还笑过你呢。"

我补充道："是牛津英汉词典，那是最权威的。"

狱医陈医生身怀绝技，最喜欢听我吹口琴。他一开口就问："你最喜欢吹口琴，走到哪里都带在身上，现在怕是没工夫吹了？"

我马上象变戏法一样从身上摸出一把口琴拿在手中。"你看这是什么？我给你吹《红翼鸟》。"说罢就吹。听完，他说还要听时髦一点的。我就又吹了《同桌的你》。

曲未了，他早已泪流满面。

还有人问我："你的名字叫宣科，这两个字有什么说法？"

我说："意思就是照着纸上写的念，纸上写错你也念错，就是那种头脑空空还冒充老师的愚蠢家伙。"我做了个切断的手势。"我爸爸怕我变成这样的家伙，就给我起了这个名字，提醒我不许这么做。我很听我爸爸的话，从来不照本宣科。"

我的口才一半来源于毛泽东，一半来源于我父亲的传教。毛泽东的著作，我读得最多，领会得最独到深刻。毛泽东的《矛盾论》伟大到了极端，他说矛盾着的双方可以在同一体中得到统一，这叫做对立的统一观，简直不得了！这个说法对我帮助很大，让我在精神最混乱的时候避免了发疯。而且这个观点一直在帮助我解决身内身外的一个个问题。我总是把自己控制得恰到好处，还得益于父亲的示范启迪。他老人家大慈大悲，善待一切生命，他所到之处充满欢声笑语，诲人不倦，视万物无分别，给我留下了难以磨灭的印象。我终于想明白了一个道理：如果我宣科真的算个世界名人的话，那就只能是红河培育出来的世界名人，没错，就是这个道理！是痛苦和奋争造就了我，是悲剧磨练了我，是挫折磨难陶冶了我，是那些年我内心的大悲凉大愤怒成就了我，何况这段岁月还赐给了我美丽善良的妻子和一双可爱的儿女，这片土地的确有恩于我，我必须感恩。

尽管如此，我还是一想到红河就觉得心如针锥。

先聞山坡羊
再聆浪淘沙
唐宋古曲入夢
晚唐李後主
又撰唐玄宗
連夕魂夢與
君同
為大研納西古
樂會書

金庸

一九九五．三 于麗江

防不胜防（上）

　　人从小长大一直在看脸色。身边每一个人的表情瞬息万变，你在他们脸上捕捉，分辨，挖出他们内心的语言，然后调节自己的行为去迎合或者反抗他们。除了傻子疯子，所有正常人都有看脸色的本领，一般不会出错。琢磨别人的内心本来几乎是做不到的事情，但用几十年的时间来学会这一点，很多人都自然而然地做到了。可见时间不仅能医治一切创伤，还能改变一切人。

　　你知道在人群中什么人看脸色的本领最高吗？

　　第一种是病人。衰弱与痛楚提示着病人的生命在危险的下坡路上，想刹车或逆势上行都难上加难。这时的病人被呵护关怀，周围人说话审慎，行动小心，生怕给他带来刺激。别人越是这样，病人就越敏感，察言观色，捕风捉影，一点点风吹草动都会引起他天翻地覆的联想，愈发而不可收。明察秋毫这个词就应该用在这个地方。有的病人被误诊，听到病的名称就从椅子上溜了下去，再也没有坐起来。

　　第二种是犯人。说句实话，犯人中多能人，身怀绝技，聪明过人，不乏天才人物。犯人身陷囹圄，生死不能自己掌握，在监狱里久呆而不死，本身就是极大能耐，不知闯了多少道关才保住了一条命，这是不得不令人佩服的。做犯人需要很高的技巧，神经从来都绷得紧紧，一个眼神，一句话的口吻，里面有什么含义，你要琢磨，甚至通宵达旦琢磨。生活的本质是一个字：活。犯人冒着生命危险逃跑，警察拼了命追捕，都是为了那个字。活命是犯人时时刻刻的意愿，他的敏感是为了防范，任何东西只要跟活命连在一起，所有的潜能都会调动起来。所以，要论敏感，病人与犯人首当其冲。

　　一个人想立功减刑，就要表现自己，但表现过了头，就很可能乐极生悲惹出祸来。怎么把握这个分寸，学问大得很，不是几句话可以说清楚的。

　　"文革"开始不久，我在坑道里采矿。我们工作的那座山上全是密密麻麻的洞，深几百米到几千米，犯人们在洞底挖掘，到了挖不出东西的地步了，就重新开掘一个新洞。山上有持枪的看守，防止犯人逃跑。人最容易犯的过失就是逃跑。人是有感情的动物，到了开阔的环境，自由之心油然而生，思亲之情难以抑制，一个念头冲上来，人就逃跑了，什么后果都顾不上想了。为此丢命的古今中外大有人在。

　　有那么一天，在地层深处，我手抓着一把坑道里的土，正在分析成色。这是我的拿手戏，周围不少人眼巴巴看着，等着我一锤定音。我正在用心体会，一人出现在我身后，要我回队部。我的心狂跳起来。活干得好好地，突然就叫我去另一个地方，干部们呆的地方，是福是祸？我拿不准。

我走出坑道来到阳光下，心里七上八下。一个持枪的战士已经在门口等着，我见了他就主动走在他前面，这是规矩。押送的人走在后面，便于监视前面的人，前者有异常举动，后者可以及时作出判断并马上采取对策，这是角色之间的游戏规则。我们沿着之字型道路朝山下走，我无心体会难得的风景，耳朵里只响着他和我的脚步声。走了一阵，我流了很多汗，也许是紧张的缘故，眼前的景物有些模糊。

忽然，身后的战士温和地说："你太累了，要不要歇息一会？"那么轻的声音，我听起来就象响雷压顶，心中暗想：完了，临终关怀来了。我以为自己死定了。

我确实累了，加上心理负担，腿已经软了。歇了几分钟，又继续上路。

大约又走了20分钟，他叫住我，给我烟抽。这可不是给犯人的待遇，我更紧张了。再三琢磨，看来有好运的几率是40%。接下来走得很快，一个结局已经注定，吉凶难卜，你只想让它早点来，哪怕马上要被枪毙。

远远看见队部，我又慌了。硬着头皮走过去……

队部没有安设机枪，不像要处决犯人。我吃了定心丸，很响亮地喊道："报告！"监狱有规定，犯人说话要特别简洁，态度要特别明确，声音要特别果断，不许拖拉。

门里边的声音说："进来。"那声音一听就是好兆头。一进去，对方就说："坐。"危险烟消云散。犯人在干部面前没有坐的资格，只准许站着说话，现在他居然喊我坐，那就是好事来了。

"听说你会画画，在马市口画室？"问话的干部态度比较和悦，亲自倒了一杯茶给我。我当时已经关了12年了，从来没有受过如此礼遇，看来他们要释放我了。我的鼻子开始响得厉害。人在特别紧张激动的时候鼻子就会响。

"你画过肖像？"我快速回答："还画过好多种类。"

"你画过领袖？"我自信地："嗯。"

"我们州公安大队的大礼堂建好了，要挂画。你去画，干得了吗？""画人像？"我问。"马恩列斯毛刘周朱陈林邓。"我明白了，是 11 幅。那个时代，军队挂的画像基本上都是这个系列。

"我要去新华书店一趟，买印刷好的领袖像作参考，照比例放大了画。还要买材料。""可以。给你派个助手，需要什么尽管说。"

他很爽快地答应了，我的心乐得开了花儿。我像出笼的鸟儿，带着助手到个旧最高的七层大楼去买画具，还买了马头牌、鹰牌颜料，12 年来第一次身穿便服上了回馆子。我处于亢奋状态，一回来就请木工房打框子，绷细帆布，喷上盐水，晾晒一下，让画布紧绷。刚干，就往上面涂鱼胶，用立德粉刷底色。1.6×1.3 的画面，调色板做了三块。我用 3H 铅笔划线。画画要先画经纬线，但情况特殊，我画的是领袖像，如果在上面画了细格子，别有用心的人肯定要抓辫子，那就麻烦了。情急之下，我想出来一个绝招：在框子外均匀地钉上一排排小钉子，用裁缝做衣服的灰线在钉子上拉经纬线，这样，画面上色块的位置可以准确确定，又不会在画面上留任何痕迹，天衣无缝。我对自己的才华满意极了。

我一生中无比美好的一段日子来了。我工作的画室在干部生活区，干部们在那里出入，我也俨然象个干部，跟

他们一起吃一起喝，每天发一包烟，享受高级干部的待遇。人有长处真好，想让别人尊敬你，你就拿出本事来，你对别人有用了，那就是说你有价值了，重要性显现出来了，一重要啊，你的快乐就回来了。遗憾的是很多人也想拿出本事来奉献给社会，但得不到承认，所谓怀才不遇，那真是人生最悲惨的境地。

干部们空闲时喜欢进来看我画画。我总是把眼睛的位置空着，先画别的地方，最后才点睛。他们一看就问："怎么不画眼睛啊？"我就说："古人说过画龙点睛，眼睛要有神，要画活了，就要把其他部位的活做好了，根据那个结果再来确定眼神。"他们听得半懂不懂的，反而对我更加佩服。我会英文，数学，弹钢琴吹口琴，人又英俊又爱干净，干部们都喜欢我。如果不是那个犯人身份，我相信我也能当个不错的干部的。

犯人跟外面的人一样，也是五花八门无奇不有。有个宣威人，入狱前是小学教师，我们当面叫他杨老师，背地里都叫他准管教，他喜欢打小报告，奸细似的以汇报为天职，大家都躲他远远的。揭发别人可以立功减刑，他好这个，我们却看不上，觉得太缺德。一天，画室来了客人，我一看是他，心里就敲起了边鼓。他的态度出奇地好，老鼠似的眼睛滴溜溜乱转，嘴里不停地夸我。我这人不能表扬，一表扬就飘到云里雾里去了，说话就胆大。杨老师好像真看上我的本事了，夸了好半天，问我谁最难画。我说："当然是马克思了。"他问："为什么？"我用内行的口气说："他头发胡子多，要画出细腻的质感很难，胡子的颜色也难画，那么一大蓬胡子，每一根的颜色都不一样。"他思忖片刻，好像在努力理解我的意思，然后说："听你一说，胜读十年书啊。"我乐得眉飞色舞。他又说："干得好，争取立功释放。"这可是每个犯人最想的东西，我真诚地说："我从心底感谢你，你这个人其实是个大好人呀。"他也笑了，边笑边说："难得啊，你终于知道了？"他的话语很奇怪，我没听出来背后的奸诈与嘲讽，却在那一刹那对他产生了朋友之情。

11张领袖像终于画完了。我站到较远的地方，看那些画的效果。说实话，比那些从新华书店买来的印刷品鲜活生动多了，我很得意。心想，这次不释放也能混个准干部，记功绝对没问题。想着想着，心里的喜悦像泉眼一样汩汩直冒。

就在这时，有个干部进来，拉着脸叫我回队。就仿佛晴朗的天空突然暴雨倾盆，我不明白这态度怎么可以变得这么快，也没想到我的使用价值已经到此为止了，犯人是我的身份啊，再怎么表现也没有用的。

凶多吉少。

我忐忑不安回到监区，心情一落千丈。犯人们都来安慰我，说："管教好多次表扬你，你不用怕，会有好事的。"我没有多说话，心里却有种凶险的预感。我这个人超感特别发达，这种感觉说不清楚。

吃完饭，突然，尖锐的电铃声响了！有经验的人都知道，最严重的事情要发生了……

我们本能地环顾四周，发现增加了岗哨，架起了机枪！紧急集合！

3000来号人立即汇聚操场——

这是实施极刑的前奏！

防不胜防（下）

　　回想起来，我最喜欢人，也最怕人。这一点很矛盾。跟我相处过的人都知道我很活泼很亲近人，说话面带丰富的表情，好像我乐于跟所有人打交道，连我家的狗都不怕我。顺便说一下，我家里一般都有十条以上的狗，大部分都有成人的体重。我喜欢它们的忠诚，它们需要我，喜欢我，像世界上所有的狗对它们的主人那样忠心耿耿，我喜欢这种感觉。这里面没有任何防范。其实跟人打交道的时候我很累，我的思想拼命地运转，辨析着对方的每个细节每个表情每个音调，然后飞速作出反应……这相当耗费精神。对我来说，最可怕的不是灾害横祸，而是人。战争就是人的发明。阴谋也是。这两条足以说明问题。

　　画完十一幅领袖像后，没有语言可以形容我内心的激动。我拉开距离仔细欣赏，整体……细部……笔触……很满意。与此同时，心脏剧烈跳动着，一个人幻想着他的未来生活的场景，包括自由的空气，甜蜜的爱情，创造奇迹，令人仰慕……我对自由的渴念使我在大多数时候远离人群。

在我拥有了纳西古乐会 99% 的股份之后，外面对我有了种种谣传，说我是丽江首富，生活如何奢华等等。真实的情况是，我整天呆在书房，连吃饭都在那儿，一个服务员照顾我的饮食起居，我甚至不跟妻子和儿子一起吃饭，因为我的身体不好，吃不了高营养的东西。我经常吃的是一小碗汤，一碗酱油炒饭或者土豆炒饭，而在庄园的食堂里，我的员工吃着几菜一汤，每顿至少两个肉菜，我给他们请的是手艺最好的纳西中年女厨师。庄园里有的是土地，员工自己也种一块菜地，这样很有乐趣，也可以吃到最新鲜的东西。直接走到阳光照耀下的菜地摘下一把鲜嫩蔬菜洗净入锅，多么奢侈。有时候我去看他们吃饭，跟他们聊天，心里特别舒畅。我当得最好的角色就是家长。

书房的一面墙是玻璃墙，采光非常充足，坐在里面就象坐在花园里。四周景色赏心悦目。我在这样的环境里梦想，憧憬。我一直有一个除了我以外任何人都进不去的世界，只属于我的世界。很多时候是伤感的，因为美好的东西都是伤感的。很多人和事后来对你的生命起了决定性作用，但是你永远搞不懂为什么是甲决定了你而不是丙。我常常看见青年时代的昆明，在我居住的那条街，那个卖膏药的功夫高手。他是一个壮实无比的男人，实际上很和蔼，喜欢打抱不平。现在的人喜欢看武侠片，他们没法理解打抱不平也可以成为一种信仰，所以他们把武侠变成了暴力展览，卑鄙可耻。那个高手的功夫何等了得，是江湖霸主，但是他喜欢保护弱小，比如象我这样的还没长大的王子，他看你很纯真，就会对你说：要是有人欺负你，你就告诉我。那是一种义气冲天的感觉啊，温暖极了，幸福极了。你只能在传言中听到他的故事，但是你没机会领教他的功夫。他的硬气功非常棒，肚子上可以开过去卡车，也可以用一根手指支撑倒立在地面。后来我在监狱中的日子非常艰苦，大家没有什么乐趣，就找些话题来消遣，我就多次讲到这个男人和他的故事，当然了，年轻人的虚荣心和艺术家的想象力一齐起了作用，我就讲到了想象中的他教我练气功的情景，把它当真事讲，讲得所有人都恨不得去拜在他门下。其实，生活就是虚虚实实假假真真的混合，吹嘘自己有个师父，主要是为了保护自己。你们都见过我，显然不是打架的料。

　　什么叫做精神创伤？那就是你不断地无法控制地去想你生命中最可怕的事情。就象我，总是去想那些无辜地死去的人们死亡时的情景，还有那个我从总部回到劳改队的下午。它太漫长。笼罩在我心中的不祥的预感折磨着我，耳边全是狱友们热烈的带着羡慕的安慰话语，只有我知道什么事情要发生了。那个本来是我立功的下午，它招来的不是福而是祸，我的灵魂已经预见到了。那种感觉越来越强烈，直到我的心脏完全失去了节律。在 21 年的牢狱生活中，我的心脏总是在高度紧张中忽而狂跳，忽而凝滞，医生说这叫做非器质性心脏病。那个下午，当电铃突然响起来，当我们条件反射式地冲向操场紧急集合，我已经预感轮到我了……

　　"把反革命分子宣科揪出来！"

　　晴天霹雳般的呵斥落下来，砸在我心口上。那只不过验证了我的预感而已。我只剩下茫然。我不知道自己错在哪里，犯了谁。

然后是一串沉闷的脚步声扑向我……几只下死力的手钳住我的手臂……多年以后我比别人多出许多本领，比如有人要袭击我，只要他的手一落在我身上，我就知道他想不想让我死。

一条在水里浸泡过的棕绳麻利地在我身上缠绕，我的血好像凝固了。五花大绑之后，我被连拖带拉揪到了中间。

我的脑子嗡嗡作响。一个声音在数落我的罪恶……

"这个反革命分子是最危险的敌人！他丧心病狂攻击伟大导师马克思，说马克思的头发胡子一团糟，他是狼子野心不打自招！他是在攻击我们的社会一团糟！他好大的胆子！"

"这个狗东西说他会气功，他想吓唬哪个？我们来试验一下……"

话音未落，我被反捆着的身体突然升上半空，挂在事先拉好的铁丝上。

什么叫疼痛？我曾经被狗咬去一块肉。但是我说，在此刻以前，我从来没有痛过。

不过半分钟，我的全身直冒冷汗。不到两分钟，我被虚汗湿透了，眼睛模糊，意识也开始丧失。

"不要死。你不能死。不能死。不能死。"

我一遍遍对自己说。但是那个疼痛的力量太强了，就象一颗子弹以慢镜头的速度钻进我的身体，我很快就支配不了自己。

"我们来看看，是你的气功厉害，还是无产阶级专政的力量厉害！"

这就是我听到的最后一句话。

　　醒来已是两天以后。我关在死囚室。死囚室里发生的事在本书的《命若琴弦》里有详细的描述，这里就不多说了。最后的结果是我没有死掉，眼睛也没有瞎。两百多天啊，我就关在那个黑屋子里，一点光线也没有。这以后的痛苦是没有边缘的，开初几天我以为很快就会死，我的呼吸很混乱，后来就很微弱。当我知道一个壮年男人并不那么容易死的时候，我以为我会疯掉。我在绝对死寂中等待我的身体爆炸开来，所有的一切变成肉酱迸发出去，那样我就不知道痛苦是什么了。你一定看过《辛得勒的名单》，里面有个老头被德国军官换了几只枪都没打死，原因是枪里没有子弹。换一只，还是没有子弹。而那个老头等着子弹打进来，等着死，死却意外地没有到来。真是命运捉弄啊，我要是他，心脏早就爆炸了。等死比死本身痛苦多了。

　　正是杨老师陷害了我。"马克思的头发胡子"肯定是他告发的，因为那是我们俩说过的话，旁边没有外人。气功之类的解闷话，说着玩的，被添油加醋弄去充当了所谓"证据"，这世界有多么荒唐！估计这些话，也不一定是谁特意要去"揭发"，凡是带点传奇色彩的东西都是人们乐意传播的，可能传来传去，不知怎么就传到了管教那里，正好碰上杨老师告密陷害，一加上某种主观意图，所有的东西都变得可疑，可疑之处统统放大，我就莫名其妙掉进了这么个怪圈的中心而被置之死地！一个人被放置到人群里，就意味着他已经把自己交给了不可知的合力组成的漩涡，随后的走向是不以他的意志为转移的，就象掉进大江里却不会游泳的人，徒劳地挣扎，再挣扎，不知道自己只有一条死路。

　　当我被吊到半空中的时候，我曾经想到辩解。但是，一切辩解都是多余，徒劳，如此而已。在黑屋子里窒息，期盼，无望地等待，我一次次想到了我们参加学生运动被困在云南大学会泽楼上的情景。我们跟所有的士兵并不相识，谈不上仇恨，但很多学生把大石头扔下去，石头是无情的，它们落在年轻士兵的脑袋瓜上，有些士兵就这样死去。反过来，我又想到了刘和珍等进步学生，他们死在士兵的枪口下，打死他们的士兵根本不认识他们，是什么力量使学生死在士兵的枪口下的呢？荒诞。所以我怕跟人打交道，我不想被外力制造的荒诞毁灭，因而甘愿孤独。孤独相对是安全的，何况你会因为寂寞听到万物的声音。

　　轻信是艺术家的致命伤，一生都不能愈合。其实我知道，人与人之间的伤害不需要彼此仇恨，只要观点不一样就足够引发殊死搏斗。真正的坏人并不多，也不可怕，可怕的是好人为某个念头生死纠缠不达目的决不罢休，而他们之间的目的又不相同，那就有好戏看了。其实让我真正恨什么人也不容易做到，包括那些把我吊在半空的人，他们一定是凭着坚定的信念去做他们在做的事情，那是很宝贵的品质，所以我对他们有悲悯也有同情。痛苦教给了我许多生存的本领，我比那些生活得顺理成章简单平凡的人们更懂得活命的技巧，这些东西不会对后来者无用，我始终坚信这一点。我想说，爱与宽恕是最伟大的武器，最有力的柔术，不必刻意使用，心思自然天成。得道多助，古人已经总结出来了，有大公心，才会有大作为，年轻人要切记。

全家福

父亲

旧式藏人的生活方式令人神往。一顶便于搬迁的帐篷象一朵从大地深处长出来的蘑菇，两只藏獒一前一后守护家园，这种动物凶猛异常，力气大得惊人，拴它们的铁桩扎在地上，固定得非常牢实，宽宽的皮带在它们胸前交差成 X 状，当它们狂暴而起奋身扑向敌人时，捆绑的力量才可以分散到全身，避免了把它们勒伤。

祖父是个统领，他的帐篷里到处放置着兵器。年轻时代的祖父象所有男人一样野心勃勃，他和祖母曾经在金沙江边的岩石上挖矿淘金。你见过江边岩石上密密麻麻的小洞没有？那就是淘金人留下的痕迹。淘金虽然会送来财富，但艰苦程度难以想象，有积累的淘金人被暗算的事情时有发生，所以有一定积蓄后，淘金人就背井离乡到别处讨生活，免得惹来杀身之祸。

祖父带着祖母来到丽江，扎下根来过日子。他们已经腰缠万贯。鹿皮制的腰带，满满一腰带沙金，一腰带瓜子金，时时系在夫妇俩的腰间，这是他们的全部家当。当时

宣科先父宣明德先生
20 世纪在 50 年代留影

藏人的驻地在玉河背后那座山上，那里森林茂密，一些铺满绿草的坡地特别适合安置帐篷。藏人有朝圣的习俗，那些虔诚地到鸡足山朝圣的藏人遵照佛教的规矩，必须在朝圣途中化缘。他们脸上敷着厚厚一层自制的防晒防冻护肤品，面色黑红。从藏区朝下走，到了中转站丽江，他们通常要休整一段时间。那时他们就把脸上的隔离防护层洗掉，露出他们俊美的容颜，那是一道醒目而令人兴奋的风景线，很多丽江人都忍不住要嫉妒他们了。

每到黄昏，成群的藏人来到古城边的空地上，尽情歌舞。藏族歌舞有何等的气度！它们不屑于与人交流，只向天地倾诉。许多年后，我家已经在古城有了铺面，我母亲，一个来自中甸坝子的天才歌手，每天最兴奋的事就是守候藏族歌舞者的来临。而我的贵族祖母已经老态龙钟，却喜欢挂着拐杖来柜台边欣赏藏人的歌舞。父母的马料店生意

宣科母亲郑小凤
在 1936 年留影

兴隆，祖母养了好多猪，腊肉挂成长长一大排。祖父喜好结交朋友，更喜欢好酒，当客人登门时，祖父的飞镖从他手中利落地划出一条线，落到哪块肉上，就用那块肉待客。祖父与寺庙里的庙祝交情深厚，时时要找到一起喝酒。他们不用下酒菜，一边说话一边喝，说到高兴处干脆端起罐子猛灌。1917 年的某一天，祖父去寺庙与庙祝痛饮，无比尽兴，跨越高高的门槛时被绊了一下倒在地上，等被发现时已经停止了呼吸。

那时，卖猪巷对面有一个教堂，里面住着一个荷兰来的牧师，他叫 Kock，大家习惯叫他科牧师。他一直想物色一名能干的助手加向导，就经常坐在大石桥上一边欣赏风景一边挑选合适的人。我父亲那时还很年轻，非常贪玩，喜欢跟几个帅小伙子到处闲逛。科牧师一眼就喜欢上了其中那个英俊活泼的家伙，就走过去跟他交谈。科牧师问我父亲愿不愿意跟他去工作，我父亲很兴奋地说了愿意，他们就一起到我家去找我祖母。我祖母不同意，我父亲急得跳脚。科牧师说每个月给我父亲 50 块大洋作为报酬，我父亲不顾祖母的态度，毅然接过了科牧师预付的一个月工资。从这件事可以看出，我父亲是一个敢于接受新鲜事物的人，他喜欢冒险，不墨守成规，这些特征的重要性后来被我充分证实，且待以后分解。

我父亲那一辈有弟兄三人，按当时的政策，必须有一个去当兵。祖母为此悲痛欲绝。仅仅两个月就传来了噩耗，叔叔阵亡在宜良。

可怜的祖母在死去活来的悲伤之后终于接受了这个事实。按我们地方的观念，人死要见尸，亡人必须举行专门仪式厚葬。祖母把这个重大任务交给了我父亲。

父亲背着银元踏上了寻找亲人的路途。

18 天路程到昆明，再辗转到宜良，找到了叔叔战死的地方，才发现那是一座大山。大自然恢复了它的生机，看不出曾经发生过残酷血战的痕迹。父亲在附近村子向每个人打听战死者的下落，得不到任何结果。有经验的人说，任何一支参加战斗的部队都要安排人员专门挖坟位掩埋战死者，免得生者看了心寒动摇斗志。父亲又在那座山上到处寻找新挖过的土堆土坑，结果什么线索也没发现。父亲在无奈之下只好求助于神力，就那么站在山头上大声叫我叔叔的名字，一口气叫了好几天，希望在某个没有察觉的地方传来熟悉的应答声……

离开山冈的时候，父亲没有忘记捧一兜山土带回丽江。

叔叔的棺材里，装的是那兜土，大家都相信他的灵魂

就藏在土里，最终安息于生养他的故乡。叔叔被安葬于北门坡。那时的北门坡有狼群，一到深夜就出来破坏新坟，把棺材从泥土里刨出来，用头撞破棺材板，将死尸吃得一点碎骨也不剩。家里给叔叔做了衣冠冢，非常隆重地举行了安葬仪式。经过这个悲剧之后，我们的家庭元气大伤，祖母的身体衰弱了好长时间。

父亲在科牧师处的工作很出色，被送到了贵阳神学院深造。从那里回来后，父亲在民间传教，工资也涨到了一个月100块大洋。1926年，古城第一座三层院落矗立在世人惊讶的目光中，人们发现那个院子的第三层四面都是窗户，安置了玻璃，光线亮堂，他和他的儿女们经常在那里看书，一点也不伤眼睛。

那个院子里的时光是我一生中最快乐美好的时光。聪明能干的父亲从上海中心机器厂甚至更远的德国西门子机器厂购买了先进的织袜机，用两股毛线一股棉纱编织长筒袜。每天，天还没有亮透，父亲和我就出发了，我们一起沿着玉河走到黑龙潭，算是晨练。一路清波欢跃，小蔷薇野桂花蓬勃，丛林深处传来节奏分明的噌——、噌——声，从容不迫，沉闷利落，那是习练功夫的王三哥的手掌在大树上砍削发出的声音。小鸟们不甘寂寞，在枝头拼命喊叫，好像非要把王三哥的巴掌声压下去才肯罢休。那时我心中的喜悦是圆满的，没有一丝阴影疑虑，我的父亲英俊强壮，我们的每个日子都充满乐趣，那种幸福是无法表达也无法复制的。

我们回到家时，邻居们正在做早饭。我和父亲接过煮好的米酒鸡蛋，舒畅无比地吃下去，觉得身心无限安逸。

迪庆望族出身的宣科祖母斯威女士（摄于 1936 年）

父亲把碗放下就走向织袜机开始劳作，织袜子或者帽子。父亲的工作量是每天八双。袜子织好后，接下来的工作就是姐姐们的了。每当夜幕降临，姐姐的女伴们就来到我家帮着缝合袜子的指尖和后跟部位，她们喜欢边干活边说笑，不时有肆无忌惮的笑声尖锐地刺激我们的大脑，那感觉就象她们的青春美貌一样单纯深刻，阳光灿烂，汇聚成了我儿时生活中最宝贵的幸福二字。虽然没有电灯，光影闪烁，但夜幕下的少女们被镶上了一圈魔力，我觉得有那么多仙女降临人间，前来爱抚一个未来世界的大英雄，这是神话中的情节，而我就是神话的第一主角，一个幸福满溢的王子。

第二天的首要工作是给袜子染色，用的是水煮的老方法。沸水中放入刺根，袜子就是黄色；放入核桃皮，就变成豆绿色；要想得到紫色，就要放石榴皮。袜子出锅漂洗后，被绷在楸木袜板上晾晒，整齐的一排挂在屋檐下，使人联想到健美的小腿在空中舞动的姿态。一阵风过，小腿们或朝左或朝右优雅地旋转，后来我才明白，那就是我最先看到的芭蕾舞。

说到底，父亲是一个乐观的人，在我的印象中，他从不打骂我们，他的性格是那么宽厚慈祥，对我们体贴入微，为了给每个儿女设计美好的未来，他几乎是呕心沥血。我们在德国女教师的教育下长大，大姐被送到齐鲁大学医学院接受高等教育，我被送到昆明最好的教会学校念书，在父亲的努力下，我们这个家庭终于在地方上有了显赫的地位与影响力。父亲传教走遍了丽江的山山水水。1938 年，他在宁蒗创办了"云南省立永宁设治局完全小学"，从丽江邀请了赵银棠等11位文化精英人物前去任教，轰动一时。

1959年，我在监狱服刑，被抽调去作画，每天晚上都要加班。夜里十一点多，我正在画画，突然心口发凉，整个人似乎被冻结成了冰块。心脏突然加速跳动，到了我受不了的地步。我站起来拿了一块毛巾，把暖瓶里的热水浇上，用热毛巾敷在心口。无济于事。我又起来打拳，却倒在了地上。旁人把我抬到隔壁卫生所，医生马上对我实施抢救。忽然，我清醒过来，虚弱地问：今天几号？有人答：11月28号。

好几年后我才得知父亲在监狱里去世的消息。一问，说父亲去世的日子是1959年11月28日夜。我无限讶异地发现，正好是我莫名其妙发病的那一刻……虽然远隔千山万水，父亲与儿子却息息相关，想到这里，不胜唏嘘！

父与子

鬼才云云

　　我被叫做鬼才。很长一段时间，这个称谓很让我不舒服。我在监狱做的是采矿，钻在地层深处见不到天，鬼也是不能见天的。本来好不容易从鬼变成了人，又要被变回去，我不高兴。后来季羡林先生也这么叫我，而且理由十足。他信心百倍地开导我说："鬼神是超自然力的化身，神是什么，高级鬼而已，鬼神二界，只是职称不同罢了。"嘿！还真有意思。我恍然大悟，从此不再自寻烦恼。

　　有一些事情是说不清楚的。我小时候，古城的大户赖家的楼梯上总是会摔人，事情过后去看，就发现地上撒了干豌豆粒。谁弄的？不知道。外国牧师说这是迷信，要破掉。结果呢，不知从哪里飞来石块打翻了他的毡帽。他回到暗室冲洗照片，照片盒却找不到了。过了一阵，被粑粑店的主人送回来，说是挂在她家墙上，好怪。忽必烈在云南做了一个梦，起身后感应到梦中的预示，立马赶回北京抢先当了皇帝，谁给他的预感？某个深夜我好好的画着画却突然发心脏病，后来才知道在遥远的故乡我父亲在那一刻离

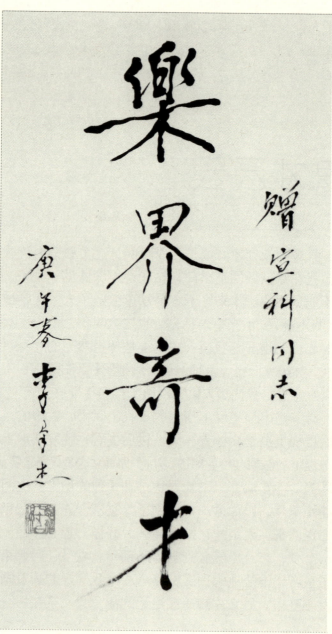

开了人世。有的人在车上坐着，突然要换座位。刚刚换过去，车就翻了，就死在那个新座位上，被换的那位却完好无损。象这样说不清楚的东西还很多，世界太大了，太丰富了，我们能了解多少呢？越是伟大的人越懂得自身的渺小，正是因为境界高了，看得远了，才知道有限。我越来越感到，鬼才这个称呼，越琢磨越有意思。那一点职称上的级别之差，却包含许多层面的东西。鬼的修养自然比不上神，所以可以发脾气，喜怒无常什么的，率性而为，听了表扬就高兴得不知道天高地厚，很好玩。神没有矛盾，也就无所谓乐趣，做什么都懒洋洋的，顺理成章的样子，没多大意思。我想来想去，明白了自己是一个缺点突出的人，我宁可有真性情，该喜就喜，该悲就悲，说话得罪人，背后被人骂，这样才有滋味。真要到了被供在神龛上，那就惨了，我这么一个爱折腾的角色，怎么耐得住那种寂寞？

我还是很鬼的。鬼，在中国的口语里有聪明灵巧的意思。我们从前演奏古乐只是为了娱乐，吃饭还要大家凑份子，谁想到它可以卖钱了？是我，我就想到了。第一次卖票是我的主意，而且我要卖给外国人，只因为他们想听。他们从顾彼德和洛克的书里知道有这么一种非常非常特别的音乐，他们好奇得不得了，就是要亲自听一听。那么好，我们付出劳动，当然应该得到报酬，这没什么说的，天经地义。1980年我打入古乐会，就是看准了它的价值，我要把它打造成第一流的事业，我要让全世界的人都来理睬它，喜爱它，我当然是带着目的进去的。要实现我的理想，就要有话语权。1986年我被选为副会长，原因是大家看出了这个事情只有我来做才有名堂，同时说明了大家也跟我一样希望出名，

在香港港督府演出结束后，彭定康问："心脏好吗？"
宣科回答："年轻人的心脏。"

出大名，谦虚使人退步，没必要遮盖本意。纳西古乐是从外面香起来的，先是国外的报刊上有了呼声，然后国内才引起了注目，这叫城市包围农村，因为 20 年前的中国还是个大村庄，是典型的农业社会。

1993 年的一天，古乐会进来了一位高雅美丽的妇女，她耐心地听我说话。所有到古乐会来的外国人外地人都喜欢找我，听我说话，我已经习惯了自己的角色。她说她是香港人。我一听就来了灵感，我说那个彭定康（前香港总督）算怎么回事，老是占着我们的地盘不还，他不是英国人吗？快让他回英国去，让我们的香港早点回来。我义愤填膺越说越来气，说了好多彭定康的坏话。那位端庄美丽的妇女始终面带微笑，不时点头表示赞许。我虽然骂了人，但请你相信我的技巧很高明，尤其是在女性面前，我不会说太掉价的话，但愿如此！她站起来告辞，说：你说得精彩极了，我就是彭定康的夫人，我很欣赏你们的音乐，我们是朋友。

事实证明她的话是真的，这次会晤引发了古乐会的香港之旅。那是 1997 年 2 月，香港第 25 届艺术节，我们是37 个艺术团中唯一一个安排在港督府演出的团队。彭定康气度非凡，丰采出众，一见我就问：心脏好吗？我拍拍自己，自信十足地回答：年轻人的心脏！我们一见如故，谈得十分融洽。我属于最自信的那种人，不管对方多么英俊潇洒，个子多么高大，地位多么高贵，我跟他在一起一点也不会自卑，不会逊色，我知道怎么发挥自己的优点，所以我一下子就能脱颖而出。20 号，演出在港督府举行。一百多名香港官员庄重入场，名流要人纷纷落座，370 个座位座无虚席。听众的修养非常高，掌声不断，气氛高涨，我的兴

1997 年 2 月 24 日，在香港与时任香港港督的彭定康及夫人合影

趣一上来，讲解就如遇神助，高潮迭起，我的英文是童子功，说滚瓜烂熟也不过分，竟然搞得大家神魂颠倒，一切障碍都在语言的畅通无阻下冰释无痕，效果好得不能再好了！港督府是不允许进行商业活动的，但我的鬼主意轻轻就破了这个例。我摆设了三个盒子，一个装满了我们的音乐磁带，另一个装着关于我们的书籍，第三个呢，是空的，我告诉大家，它用来装"心意"。磁带和书籍喜欢的话尽管拿，大家都在拿，但是你想想，大家都是有情感有身份有修养的人，哪个会在大庭广众之下白拿别人的东西？那岂不是太没风度了？所以，拿了的人都自觉地在空盒子里放上自己的心意，人家放进去前当然要估计一下，至少不能比成本少。这样一来，我们的收获比平时多了许多。我们不可能不要经济收益，如果仅仅是奏着玩，我们不会有成就感。第一次对外卖票，4元一张，那就是我的主意。有人想听，首先是外国人想听，然后是外地人要听，这样我们就变成了文化产业。很多人当时没想到这么远，但我想到了，我就是要把它做成在世界上有名气的产业，我为它写论文，搞研究，抓外联，软件硬件都要开发，我那时候精神头足得很，根本不知道什么叫休息。云南搞文化产业，丽江是排头兵，没有经验可以借鉴。在丽江，古乐会是排头兵，大家都看着，都不知道该怎么搞，都等着看别人怎么走路，我就冒着胆子朝前走，一走就走到了国门外，就是这么回事。纳西古乐是外国人关注的焦点，他们喜欢跟老乐手交谈，外国人不像我们有很多讲究，他们交往人很随意很主动。我就想，我们的乐手是属于全世界的，既然是文化交流使者，就该有使者的本事。我们有位元老级的人物很受关注，

世界汉藏文化权威
专家 Michael Aris
即昂山树纪

我就教他说外语，只说四句。外国人过来了，对他笑着，他就说："你好！"人家当然很惊奇，立刻也问候他。他马上接着说："哪国的？"这时候人家已经很吃惊了，脑袋也晕忽忽的，完全被他震住了。不管人家回答哪个国家，他边点头边说："不错！"很在行的样子。这就更震撼了！人家就对着他滔滔不绝，把他当成了知音。等他觉得差不多了，他就说："再见！"掌握得恰到好处，多不容易啊。其实他对谁都这样，但给人家留下的印象多好，多难忘，人家满意得不得了！

我经常被请去参加项目审批会。人家请你是看得起你，但那个活得罪人，不说真话又不行，好难。现在到处在开

与中国手工业
合作社负责人合影

发，市长案头的项目申请报告堆成山，当领导的更难。我
知道该怎么表态。有一次审批蛇山开发的项目，蛇山是我
小时候喜欢去玩耍的地方，那里的松林很稠密，松涛声象
海浪一样此起彼伏，我觉得它比古城倚靠的狮子山还美丽。
他们要开发，我很心疼。开发商是熟人，他提出要挖一条
防火隔离带。我很敏感，马上说："你要砍几千棵树？绝
不批准。"我还说："建议你们注意，石板路到处都有，
但丽江有些人在水泥路上铺石板，保不了水土，树长不好，
只是做做样子，谁搞的？这是罪行，小心土地爷爷报复。"
对方很谦虚地说："弄好了我们请你验收！我立马顶回去
说：你们忘了，我80岁了，我没时间。现在我跟你们透个
实话，给我通风报信的人多得很，我何必去验收，自然有
人把情况报告给我，他们怎么瞒得过，到时候过不了关，
不要怪我公开攻击你们哦？"我就是这样，到处说话，到
处得罪人。你不要以为我说话特别好听，不好听的时候也
多得很。因为说真话，我树敌太多。说者无心，听者却会
记仇，人家心里不舒服，当然要较劲，这样我就有麻烦了。
我的麻烦还少吗？

父亲与洛克

在西方世界，有一本由洛克撰写的学术巨著，哈佛大学出版社出版，名字叫《中国西南古纳西王国》。作者洛克是美籍奥地利人，上个世纪上半叶，他独自在中国西南、西北的广大地区从事科学考察和标本收集工作，历时 27 年。他也是著名的驼峰航线的绘制者，美国总统罗斯福的两个儿子的朋友与向导。他为美国自然历史博物馆提供标本，以自身在中国的冒险经历引起西方世界的注目好奇。有多家机构提供他生活与科研资助，那些经费可以使他在中国生活得象个王子。事实上他就是这样，27 年来往返于中国与美国之间，有时候极尽奢华享乐，有时候却过着非人的生活。我父亲有一段时间做他的助手，很多年后他还经常给我讲洛克的故事。

洛克一生没有结婚。这样的人往往不容易相处。他非常固执，脾气倔强，喜欢摆贵族的派头。在结交地方上层人物的时候，他表现得象个外交官。他跟沿途民族领袖的关系都很融洽，这使得他可以在他们的地盘上随心所欲，并受到特别保护。他也会从国外带些稀奇礼物来送给他们，一只小枪,一个电筒或者打火机,这些小玩意很能讨他们的欢心。他有着无比坚定的意志。他是贡嘎雪山的发现者。这个发现使他一生感到羞愧。他曾经三次绕此山环行,每次走完全程要四个月时间。最初他被自己的发现所震撼,欣喜若狂发电报给美方称自己发现了比珠峰更高的世界第一高峰。但后来,经过精密测量,他发现贡嘎雪山比珠峰低一点儿,这使他觉得无颜面对故人。要知道他的自尊心非常强,这样一个公开的错误使他变得更加内向封闭。独自住在异国他乡的少数民族人群中间,文化背景和生活习惯的巨大反差使他不得不保持警惕与适度封闭,这是安全的需要,或者说求生的本能。只有在我父亲面前,他从来不加防范,因为我父亲是基督徒,而且会一点英语,这些都使他自然地觉得亲近。这个脾气古怪的家伙也有可爱的时候。常常,他走进我家的院子,然后直入内室,用他的鼻子使劲嗅着什么;我父亲呢,装着没看见,忙着手里的活计。于是,他忍不住说:"这是什么味道?"我父亲就笑。他接着说:"好像是酥油茶?"我父亲就把酥油茶端出来,让他喝个够。酥油茶就好比他的命根子,而我父亲总是把最好的茶留给他,从来如此。我童年印象中的洛克,只不过是个天天来我家喝茶的大高个罢了。我父亲对他的友善很大程度上是出于对一个外乡人的同情关心,因为他不是本国人,就更需要照顾,需要特别的帮助,我父亲只是凭着他善良的心地去关照洛克罢了。

洛克的工作充满了危险。他出入的地区大多是崇山峻岭,人迹罕至,常常遭遇野兽。有时候走了一整天见不到人烟,他只好睡在岩石底下。有时候会遇到破落的古庙,阴森恐怖,但古庙却成了避风港,毕竟它还可以遮风挡雨,

洛克就欣然住下。到了半夜，他醒过来。不是被什么东西惊醒，也不是被虫子咬醒，而是被臭醒的。中国的有些地方在人死了以后并不马上下葬，而是把棺材送到庙宇中去搁放上一两年，等选好日子送去下葬时，尸体早已腐烂。此刻，洛克落脚的庙宇里正好有搁放的尸体，而且正在腐烂过程中，发出了强烈的臭味，白天注意力分散，又很劳累，把臭味疏忽了。到了半夜，气味变得非常强烈，在凛冽的寒风古怪悚然的尖啸声中，尸体就在身边的联想一下子被突出出来，洛克不由得毛发倒竖……这样一个人，等他回到美国的大都市时，当然会有一种高深莫测的表情在不自觉中流露出来。在一次华盛顿度假中，他遇到了美国总统罗斯福的两个儿子，他们是世界著名的猎手和冒险家。在一番交谈后，洛克说起自己在中国看见的"陆地白熊"。当时美国人不相信熊猫的存在，因为它是跟恐龙同时代的古老物种，他们以为它已经灭绝。洛克当时没有熊猫的照片，但他善于画图，就拿起一只笔画出了熊猫的图样。两位猎手立刻兴奋起来，提出给他设备和赞助。下一次见面时，洛克拿出了熊猫从树上下来的照片。两兄弟立刻表示要亲自到中国去。他们后来真的到了云南，在我父亲的指引下到了四川。这一次，洛克把他们送到木里，交到王子手里，请王子保证他们一路上的安全。王子对他们很有好感，专门派人一路照顾他们深入四川。他们真的找到了熊猫，而且把它做成了标本。美国总统的两个儿子是美国自然历史博物馆的创办人，洛克为他们提供了大量标本，在世界的另一头引起了巨大轰动。

两兄弟在凯旋回国后，很快出版了他们的探险日记《跟踪大熊猫的足迹》。书中，有42个地方写到了他们的向导宣，也就是我父亲。从文字中可以看出，他们的关系相当融洽。两兄弟不习惯住在百姓家，他们喜欢住帐篷，而且不喜欢被打扰。有一天，帐篷突然被掀开，宣兴冲冲地闯了进去，喊道："兄弟，有件事情。"两兄弟有点惊讶，问："什么事？"宣说："可以借我枪吗？"对方交换了一下眼神，说："你要打鸟？"宣说："不是。"对方慷慨地说："祝你大获全胜，再给你两颗子弹。"我父亲接过枪和子弹，高兴地走了。

两个小时后，宣再次冲进帐篷。对方问：你的猎物呢？我父亲显得很腼腆，犹豫了一阵，终于说：你可以告诉我怎么装子弹吗？

原来，他背着枪在当地人中炫耀了一番，其实根本不会玩枪。我的父亲，一直是一个跟暴力无缘的人。

洛克以脾气古怪闻名，所有的人都怕跟他说话，因为他不讲人情。但是，对宣却例外。

1949 年，云南即将解放。洛克、顾彼德被驱逐出境，省里派一架飞机来接他们。飞机比原定时间晚来了两天。有一些重要人物要搭乘这架飞机离开丽江，其中包括我的三姐。

天刚亮，天空传来轰鸣。昆明号正确降落在白沙机场。

洛克低沉地吩咐："上飞机，马上起飞。"

说罢，与助手拥抱并赠送了礼物，匆匆话别。

这时候，我三姐的好友马大姐要求搭乘飞机。洛克爽快地拒绝了。马大姐是丽江显贵的女儿，她知道留在丽江必死无疑，就下定了走的决心。

被拒绝后，她跪下来求洛克，洛克不为所动。

她知道我父亲跟洛克交情不一般，就跪在我父亲面前

请他出面求情。

我父亲刚开口，洛克就大发脾气，说耽误了上路的时间。马大姐悲伤地大哭起来，场面非常凄惨。我父亲就大着胆子说："她是我女儿最亲密的朋友，从小一起长大的，她们到了国外可以相互做伴，免得孤单。一个年轻女子，太可怜了……"

奇迹发生了。洛克居然被打动了，说道："上飞机。"

在最后一刻，他知道这辈子已经不可能再见面的一刻，他一反常态，给了他的朋友一个情面。这是他给朋友的最贵重的礼物！

今天，马大姐和我三姐仍旧住在尼泊尔。她们做了一辈子邻居，一直相依为命。

宣科的三姐宣惠女士与姐夫高尼玛先生
摄于 1945 年印度加尔各答

悲极生乐

　　谁都年轻过，做过数不清的美梦。过沟上坎，明明在万丈悬崖边上，还以为自己要飞翔，这就是天真。比划的动作太大，肯定要掉下去。掉在半空后悔了，嘴里却说："二十年后又是一条好汉！"这就是青春。青春的乐趣中，好奇和冒险占了很大分量。初生牛犊不怕虎，古人说的，我们也是这么过来的。在市面上历练多了，一般会变得圆滑世故，勇气不断衰减，胆量走着下坡路，这就是规律在显示它的力量，普通人的人生基本上按这个轨迹演进。

　　年轻的时候，我忙于运用我的好奇心，后来在监狱里长期从事重体力劳动，没有那么多时间多愁善感。艺术家都有一颗敏感的心灵，我的敏感程度好像比其他艺术家有过之而无不及，这样的人很危险，因为容易受伤，也容易发疯。人生总要通过几件事情让你领悟存在的真理，每件事的发生都是一个坎，必须走过去，而且必须想通，这是相当难的事情。只有到了某个年纪，你回过头去，怪了，一切变得无限明了，从前怎么也想不通的东西，一概清清

爽爽，心里已经没有了挂碍，问题也迎刃而解，你甚至会为自己当初的固执感到好笑，真是不可思议。

幼年失去母亲，少年失去姐姐，这一课叫做死。永远地失去最爱的人和事物使我们懂得了生命最深奥的秘密与悲哀，那就是万物不得不消亡。这个事实无法移动丝毫，永远都不可改变。知道这个道理可以使一个人向死而生，也可以使一个人生不如死。我父亲是个喜欢开玩笑的人，但他很早就失去妻子，独自抚养一串孩子，还有一个同胞兄弟年纪轻轻就死在战场，连尸骨都没有找到。这些苦难封存在他心底，不让其他人看，这就叫尊严。父亲皈依基督教就跟他内心的大悲苦有关。一个人自己受了苦，就能够同情他人身上的苦，感同身受，甚至恨不得自己替人受苦，那是真正的慈悲。乐观的表象下是大彻大悟的冷静，天凉好个秋，那才是境界。装出些欢乐来，那是为了安慰周围的生命，是大慈悲。大智慧跟大慈悲结合，武装到一个人身上，那就叫幽默。幽默是我们家的传统，我跟父亲一样活泼好动，喜欢折腾。这辈子，我吃够了折腾的苦，也享够了折腾的乐趣。我这个人的性格就是这样，现在老了，心思却像个青春少年，大多数时候还是对这世界充满向往与想象。人说老年是风平浪静的阶段，在我看来，老年也可以精彩，因为你可以把一生积累的智慧全用上，对人对事，都到了游刃有余的境界，纯粹的审美态度应该在这时才炉火纯青，所谓分秒如金已不足以言其美，钻石本无色，幸福本无光，一刻与千万年，又有什么分别？

本来想一鸣惊人做个伟人震惊世界，结果被安排到监狱里去，叫你的青春年华白白消耗在苦力场，没有自由没

1950 年 2 月 22 日，解放军二野四兵团首次进入昆明，
宣科在正义路与威远街交口处指挥合唱队，欢迎解放军入城

有事业没有爱情,这一课叫怀才不遇,是人生最深刻的痛苦。我设想过种种失败,惟独没有想到会在监狱里劳教21年。我梦想过承受这样那样的苦难,却从没想过青春韶华可以没有爱情。大好青春,蹉跎岁月,你精神正常,意志却完全冻结,身体不能自我控制,5年,10年,20年。开头你傻乎乎地期盼出头之日,总觉得马上要有救星来眷顾你了,你的热血依然沸腾,你望眼欲穿。慢慢地你明白自己被要弄了,接着被遗弃了。你以为一切就要这么继续到生命尽头了,不可能有转折了。你接受了这个事实,将目光从远天惨淡地收拢,羞愧使你不想见人不愿说话。你把手头活做得比任何人漂亮,那是因为自尊,你不允许自己比别人差,要是连自己都看不起自己了,你就真完了。真的,干活成了你仅存的自尊,你证明自己的方式,知识分子的毛病是什么都要问一问价值,无论做什么,他都要抓一个意义出来支撑。那时你接近50岁,接下来就该是在异乡退休养老,缩成一枚干果,最后埋进坟墓。歌德花了一辈子写出《浮士德》,把人生最重要的价值领域把玩了一番,又一一推翻超越,进入下一个新领域,决不滞留沉溺。他笔下的浮士德曾经沉溺于爱情,与爱情的杀伤力比起来,欢情显得多么微不足道!他还在魔鬼的性爱狂欢面纱背后看破了欲望的无能。他以巨大的热情投身于政治,指点江山的自我膨胀感很快就在重重黑幕的威逼下气球一样破灭。他和海伦的家庭完美无缺,但好景转瞬消失,告诉我们美好的东西多么不堪一击。那时他几乎要崩溃了,放弃了。到带领人民围海造田阶段,他抵达了生命的顶峰。那时他白发苍苍,双目失明,听着身边掘墓人挖土的声音,错以为是伟大事业即将完成，不由得说出了"我满足了"几个字。于是，他倒下去，死在幸福的错觉里。要是一个二流作家来写这一段，肯定要写事业取得成功，人民的欢呼声排山倒海，浮士德虽然看不到这些，却通过耳朵得到了巨大的幸福与快乐，心满意足倒地而死。为什么要写他死于错觉？有一天我终于明白了作者的深刻用心，在歌德看来，所有的成功都是错觉，人生只有不断前进，不断向上，没有成功可言。这是什么样的生命领悟？！以前我在一本书上看到了"世界之王"的故事，多少世纪才出一个的幸运儿到了永恒之山，也只能在林林总总的名字堆里抹出一块地盘，写上"世界之王"几个字，这就是生命的最高奖赏了。那是什么奖赏啊？羞辱沮丧而已。自取其辱。成功是自取其辱？我不敢回答。天机不可泄露。

　　世界上每个劳改场都会有一些身怀绝技的家伙，他们聪明过人，风格特异，个个都不好惹。你想嘛，没有点与众不同的东西是进不了监狱的。我很多年前就知道了，再能耐的人，只要让他饿肚子，那就原形毕露。三年自然灾害时期，饿死了很多人，那是悲惨到无话可说的情景。饿死的人不会突然死，他有一个渐渐衰亡的过程。经过一段缓慢的折磨后，他的脏器开始衰竭，浮肿，喘气，丧失运动能力，终于倒在床上不能起来。到这个地步，基本就没救了。每当劳改场发生这样的事情，我就主动争取去照顾濒临死亡的人。那时候不要说劳改犯，就是普通的中国百姓都在忍饥挨饿，得浮肿病的人相当普遍。濒临死亡的人肠胃已经不能正常运动，体力衰竭到极点，看到食物根本没有食欲，反而会恶心。病号饭是一碗用糯米粉、糖、猪油、杂粮混合煮成的糊糊，我的任务就是把这些东西喂到饿得快要断气的人嘴里，让他们死前吃一顿饱饭。我喜欢做这件事情，一是因为我是基督徒，安抚不幸者是我的荣耀与幸福，再就是我从中得到了天大的好处。那些即将断气的人，已经没有力气张开嘴巴……他们摇着头，用微弱的声音说："宣科，你吃吧，我吃不进去了……你还年轻，还要活下去……"我拼命说些好笑的话，想冲淡一下绝望的情绪，却没有用。有很多次，那衰竭的人就这样在我的眼前断了气。那碗奢侈的救命东西当然不能扔掉，于是，管教就把那碗不吉利的糊糊赐给我，我总是把它吃得一干二净，因为我必须保持体力与健康，我不想死。我的命就是这么保下来的，用濒死者的口中食，用乞食者的卑贱，我因此没有死，一直活到后来有机会创业，重振旗鼓。这样一个人，你还

抽屉里的日常生活

指望他真会把荣华富贵看在眼里？那种苍凉与淡定，可不是喧嚣繁华可以诱惑的。我最大的悲痛，是身在异乡，不能给深爱的父亲送终。我是父亲唯一的儿子，纳西人一生最注重葬礼，我的使命是走在送葬队伍的最前列当好孝子，可是我却不能为父亲做这件事情，这么一件小小的、别人却没有资格代替的事情我都做不到，我算什么儿子？今天，我只能在家里造一个小亭子，刻上缅怀父亲的文字，寄托我对他的思念与歉疚，我深切的哀痛与悲伤，我只能用这种最通俗的方式来纪念他，来抒发我的悔恨与刻骨柔情。我是世上最不幸的儿子！

　　我已经 81 岁，每天还要登台演出。有时候出差回来，长途奔波，疲惫不堪，躺倒休息是最迫切的需要。在丽江，很多中年人都学会了休息和保养，他们快速掌握了各种休闲生活方式，从中寻找乐趣。年轻人也不像大城市的青年那么野心勃勃，他们当然喜欢挣钱，但他们更喜欢阳光、风景、刺激、休息，喜欢酒吧里的静坐、蓝调音乐、美食、名牌服装。跟我一样年纪的人们在家里养老，逗逗鸟儿，喝茶看电视赏花，跟孙辈嬉戏，朝儿女唠叨，找几个伴打打小麻将……这样的福气不属于我，我是每天晚上必须去上班的人。81 岁的老人，每天晚上去上班……这很浪漫！所以，再苦，再难受，我都会打起精神去上班，一个人有上班的资格是一件光荣而自豪的事情，是来之不易的幸福，应该珍惜再珍惜呀。

　　每天上班的男人——这就是我。上班让我忘记了衰老和死亡的胁迫，它让我像一根绷紧了的弦充满张力。一个81 岁的老人，担任着一个企业的董事长兼总经理，那可不

是舞台上半小时的功夫。我的头脑非常清醒，甚至可以说非常敏捷，我端着的是几十人的饭碗，我有责任，对此我更是认识深刻。每天游客来买票，总是先问："宣科上不上台？他不来我们要退票的！"你看看我的压力有多大，我承担的压力是今天有作为的男人们肩上都担着的压力，我的体力不如他们，但我的智力也不是他们可以相比的，这点自信我是一定不会丢掉的。给自己一个舞台，等于给了自己一个战场，男人应该倒在战火硝烟中，靠退休金颐养天年当然是难得的福分，但与我无缘。每天上班给我带来的好处有几条：一是排遣了孤独寂寞。人老了，容易产生没用的想法，自己断绝了生机，最后通牒就来得快了。有盼头，有牵挂，就有心劲，就来不及孤独寂寞对镜自怜，从里到外就有活力。二是避免老年痴呆。把自己推上舞台，自己就是角儿，那么多人看着你，必须精彩，只能精彩，没有退路，没有遮羞布。要精彩就要动脑筋，身体也要活跃起来，整个人充分调动，进入激情状态，长此以往，当然不会痴呆，人看上去也会显得年轻。三是广交朋友，获得信息。我们这个时代步伐走得飞快，年轻人都免不了担心自己跟不上，何况垂垂老者。有的老人观念严重滞后，成了社会进步的拖后腿的力量，我可不想当那样的人。每天到了古乐宫，面对的是来自五洲四海的朋友，三教九流，老少尊卑，那是一个浓缩的社会，一本打开了的教科书，你一辈子也学不完。在与观众的交流中，我了解这个社会的细脉潮涌，追索反思人生哲理，体味友情，得到温暖，加深自己对人情世故的领悟，顺便摸索世情民心，得益匪浅。有一颗与时代同步跳动的心是最重要的事，千万不要让自己在精神上退休，我不要退休这个概念。有人会说，"宣科不愿意停下来是因为他曾经21年丧失了运动资格，他要赚回来。"这话不是没有道理！但我那些年也不是没有运动，我在干最艰苦的劳动，脑子也在不停地转动，我没有偷懒，我当然会为自己负责。劳作没有止境，心情却翻天覆地，我现在很快乐，在苦尽甘来之后，我要让世界知道，宣科可不是白吃闲饭的人，他这辈子不会退休，等着瞧吧！

宣科先生现场主持几乎成为古乐会的一个招牌

欢迎总书记

　　我很多时候的心态像个将军。古乐会是丽江政府的重要接待场所，我们经常要跟各种各样的显赫人物打交道。说句实话，就算来个省级领导，在我们眼里也不会有多大的震动，就象面对普通游客一样。我的性格跟别人不一样，越是大的事，我越不当回事，只不过兴奋程度高一些而已。

　　1999 年 5 月 1 日，我们接到通知，说江泽民总书记第二天早上要来。能够跟国家最高领导人面对面交流，当然令人兴奋异常。有些地方领导担心我乱说话，其实我这个人心里清醒得很，要讲中外礼仪，我什么都懂，而且从来都做得很得体，决不会有什么闪失。我心里很快就有底了，但我不能给他们什么承诺，我喜欢做事情有点戏剧性，给他们一点悬念不是更有意思么？

　　当天晚上，我仔细思索了接待过程中的每个细节。人们的习惯思维会指引他们去考虑怎样才能万无一失把事情做得圆满，我不满足于追求圆满，圆满是没有高潮的东西，如果没有高潮，怎么能够让江总书记记住我，记住我们的纳西古乐？我一生与人交往，从来都能给人留下难以忘怀的印象，要是江总书记很快就把我忘到了九霄云外，那不是输得一塌糊涂了么？

第二天上午 10 点，江总书记在地方领导们的陪同下来到了古乐会。我身穿中国传统的长衫站在门口迎接，演奏员则早已在台上准备就绪。我们象熟悉的朋友一样寒暄了几句，然后他们就走进了古乐会演奏厅。说厅不知道合适不合适，因为它其实是一个巨大的四合院，客人就坐在院心听琴。

我们演奏的第一只曲子是公元 741 年李隆基皇帝创作的《八卦》。江总书记的艺术修养相当深厚，看得出他非常兴奋，因为这是 12 个世纪前的音乐，过去把中国音乐史叫做"无声的音乐史"，自从发现了纳西古乐，中国音乐史从无声变为了有声，这当然要归功于身处边地的丽江人民。江总书记兴味盎然，热烈地鼓掌。你想想，一个人能有福分听见 12 个世纪前的祖先的声音，怎么可能不激动？每一个中国人都该为此激动！

下一曲是笛子独奏《笃》。我解释说："这是一首民间流传的曲子，它净化灵魂，能把人带进天人合一的境界。"江总书记沉醉在曲子造就的意境里，我们的演奏员心理非常稳定，可以说是超水平发挥，江总书记相当满意。民间歌手和金花表演独唱《栽秧调》，歌曲的旋律特别独特，即使是声乐表演艺术家也很难模仿，她却处理得有条不紊一波三折，赢得了一阵阵掌声。

江总书记好像忘了自己是国家至尊，他激动地走上台来，跟大家热情握手，完全跟乐手们打成了一片。总书记

与乐手们手拉手，坦率交谈，亲密无间，摄影师忙碌不已，想抢下这难得的珍贵镜头。我高兴极了，这就是我想制造的效果，人民的总书记爱人民，不需要高高在上，不需要壁垒森严，总书记操劳国事，承担着常人难以想象的压力，难得有机会如此放松，我就是想让他开心，让他活泼，让他好好做一回自由人！

就象是心有灵犀，总书记突然对摄影师摆手："别忙照相，有没有笛子？"马上有乐手会意，把笛子奉送到总书记手中。总书记站在乐手们中间，吹奏了传统曲目《梅花三弄》，手法相当专业，大家纷纷鼓掌。总书记兴致正高，又演奏了《洪湖水，浪打浪》，边奏边大声呐喊"唱起来！"众人立刻应和着笛声齐声高唱，画面如此和谐，情感交流如此自然，令人感动。

总书记兴致越发高了，笑着说："你们奏了道教音乐，我也吹一支道教曲目吧。"总书记的话让大家吃了一惊，想不到我们的总书记有如此深厚的音乐造诣，看来我们应该谦虚再谦虚，千万不能骄傲自大……

总书记奏的是《步虚韵》。众人听了，无不倾倒。这回轮到我们的乐手们频频点头称好了，这可不是事先导演设计的效果，我们的地方领导们也忍不住热烈鼓掌，兴奋万分。看看他们脸上的表情，没有任何装饰，完全是发自内心的喜悦按捺不住形于言表……

党和国家领导人如果同时又是才华横溢的艺术家，人民一定会更加喜爱拥护他们吧？

演奏完毕，总书记走到左边乐器架下，拿起一把胡琴。在场的人沉浸在总书记的魅力制造的悬念里，不明白接下来会发生什么。

总书记突然对我说："你们的第三把胡琴音色最好！"

他说得很肯定，可见他是用心听的。我佩服得五体投地，平时有语言大师美称的我，居然找不到恰当的话语来表达我此时此刻的心情。

我还愣在那里，只见他走回乐手们中间，向大家问道："大家会不会唱《南泥湾》？"

人们高声回答："会！"

熟悉的歌声在总书记的伴奏下热烈整齐地响起，领袖平民同声欢唱，其乐融融，连神仙也要羡慕几分！

事情还没有完。

看着大家高兴成这个样子，我心里百感交集，走到了长廊上。

没想到总书记朝我走来，用英语问："听说你的英语特别好，你是在哪里学的？"

我又是一惊。怎么总书记有这么丰富的才能？

我用英语回答："在教会学校。"

总书记接过我的话说："我也是。"

这更是我没有想到的。他说得如此坦率真诚，没有任何顾虑，使我忘记了我们之间的距离。能跟一位普通公民平等地交朋友，正好显示了伟大领袖的高风亮节，老百姓只会加倍敬重这样的领袖！

有了这番对话，我们之间的距离更近了。作为平凡的一介百姓，我真的有了一种幸福感，一种找到了知音的满足感。江总书记是第一位走上台来跟我们切磋技艺的国家领袖，我和乐手们会永远铭记这份珍贵的情谊！

告别的时候到了。我们竟有了依依不舍的感觉。尤其是那些上了年纪的老乐手，他们的心情更是波澜起伏，难以自抑。我了解他们，懂得他们的感受，我们这回是更深地领悟到了我们所从事的事业的神圣和使命的重大了。

到了门口，总书记用英语说："我们应该把这种音乐传遍世界！"

他没说"你们"，他说"我们。"这意味着他把他自己和我们看作一个整体，把传承伟大文明的使命赋予他和我们大家……

1999年，我们已经到欧洲多个国家演出，还不断收到了日本、美国、以色列等国家的邀请。我真的越来越有了做将军的感觉，因为我要带着队伍不断出击，去征服五大洲，去向全人类奉献民族的宝贵财富，我的肩上有巨大的责任！古话这样讽刺力不从心的英雄："廉颇老矣，尚能饭否？"我坚定地回答："祝宣科长饭、长战不衰；祝纳西古乐长生不老，70岁的将军还只是个毛孩子呢！"

祸兮福兮

有个姑娘每天去山上砍柴。那天她在半山陡坡上爬上一棵树，砍树上的粗枝干。突然脚一打滑，身体贴着树身落下，脖子卡在丫字形树杈上，呼救不得，挣扎无效，就那样失去了花季年华。小孩子更是容易出错，每个人小时候都多多少少出过差错。人生就是在不停地过关，有一个关口过不掉，生命就划上句号。一个人能够活到老，不知道经历过多少狂风巨浪，他活着就意味着是胜利者，自然赢得众人的敬重。道理就这么简单。

7 岁那年，我有 4 个姐姐一个妹妹，母亲却已经离开了人世。这样一个家庭，很容易把全部期望都寄托在唯一的独生子身上。我习惯了所有的人都来爱我，宠我，以我为中心，虽然母亲离世，众人围着我转的热闹场景并没有改变，所以我没有烙下明显的心灵创伤。我们的家庭从来都很热闹，红楼梦里的女儿国之王的滋味，我算是体验够了。父亲喜欢说幽默话。看见那么多女儿在他跟前跑进跑出，他就跟人家开玩笑说：我们家连跑着的耗子都是女的！

在这句开怀话背后，他掩藏了所有的孤独辛酸劳苦和无奈，只把他快乐的一面留给了世人。

丽江古城不仅没有城墙，而且没有对街道的称呼，统统叫做"村"。我家住的那条巷叫"措度窝"，意思是"养马鹿的村子"。那时，丽江人的视野就只有古城那么大，每天议论的都是东家长西家短，谁家有几男几女，几头猪几块菜地……哪家要是只有个独生儿子，那孩子就会是众人最关注的目标和话题，只生一个孩子在那个时代可以算是一种奇观。我们邻居家有个独生子被狗咬了，惊动了全城的人。惊吓加上伤口感染，没过多久，那孩子就死了。这件事使每户人家受到了极大刺激，我父亲只有更加小心地看护他唯一的儿子。我的姐妹们也受了父亲的感染，时时刻刻跟前撵后，我几乎就没有感受寂寞和孤独滋味的机会。没有了母亲，只会使我们兄弟姐妹心贴得更紧，父亲也加倍疼爱我们，除了我父亲得不到来自妻子的生活照顾体贴之外，我们这个家其实非常幸福。

中秋节那天是父亲的生日，我们在一桌丰盛的饭菜前坐下，准备美美吃一顿。

父亲看看这个，望望那个，心里非常高兴。我父亲不像有些男人压抑自己对孩子的感情，随时标榜大男人的威严，说话总是一本正经。他对我们很迁就很温和，舍不得打骂。他的目光最终落在我身上。忽然，他说："独儿子，你已经可以帮大人做事情了，去给我买点酒回来。"

他期待的目光使我莫名地激动起来。每一个男孩子都希望别人把他当大人看待，我站起来抓起空酒罐就要走。

姐姐们争着要帮我完成这个光荣的使命，先后站起来

宣科姐弟与德国保姆
史塔尔夫人合影（摄于1932年）

宣科一家与德国教师霍斯曼的合影（前右三为宣科，摄于1932年）

抢罐子。

我父亲制止了她们，看来他是想领略一下小男子汉的风采。我乘机高兴地朝门外跑。

巷子里的华家是有名的商户，会说藏语，生意做得很大。他们在去西藏的路途上做长途生意，来回一趟要一两年，其间要遭遇野兽、泥石流、疾病、意外事故的折磨考验，而且还要应付更致命的土匪袭击。上路的马锅头一般是二三十人，每个人都带枪和长刀。长刀的钢质特别好，拔出的时候会发出当啷的响声，让人不寒而栗。刀鞘顶端装饰着指肚大的玛瑙，把手处镶嵌着银丝，镀金雕刻，佩有大颗绿松石。我虽然只有 7 岁，但那样一把刀已经成了我魂牵梦绕的至爱之物，我觉得那才是英雄男子的象征。

我兴冲冲闯进华家院子，大声叫："华奶奶！买酒！"

说时迟那时快，桌下一只藏獒突然扑向我，朝我小腿上猛咬了一口……

它咬走了我鸡蛋大一块肉。你想想，7 岁的小腿上能有几两肉？我的左小腿已经出现了一个骇人的大洞，鲜血在喷流，我却没有觉得痛。现在想起来，我可能是吓懵了。只听见他家人在叫："天啊，咬着了！咬着独儿子了！"不，那简直不是叫喊，而是哀鸣！等反应过来我已经在别人的怀抱里，柔软冰凉，浑身虚汗，完全听从别人支配。我听见有人说："他的脸好白啊，血流干了！"他们把一瓶白药全倒在我的伤口里，把百保丹塞进我嘴里，让我吞下，将伤口粗粗包扎止住血后，背着我朝家跑。

我知道闯祸了。这时候我还是不觉得痛，神志也很清楚。我略略有点反常的兴奋，设想着亲人们看见我这个样子会怎么反应。小孩子都是这样，闯祸以后好奇心特别强，我也不例外。我觉得风在我周身吹拂，路上的人和路两侧的风景像走马灯一样旋转，好玩得很。病了真好啊，病人越来越宝贵了，娇气十足地躺在别人怀里的滋味真是美极了！

我的父亲和姐妹显然没有思想准备，一见我的样子，立马都吓得魂飞魄散。父亲经常跟传教士接触，懂点西医。他马上打开药箱取出碘酒、酒精给我清洗伤口。然后，他迅疾奔去请了当时住在丽江的几位牧师来会审伤情。众目睽睽之下，我左小腿上那块弧形的肉已经不知去向，那个位置现在变成了一个深坑，象野兽张着的血盆大口。那个地方已经在酒精的作用下开始剧痛，我的脸上满是汗水，但我没有哭，反而古怪地笑着。我才7岁就表现出了那么强的自尊心！

他们想到了为我缝合伤口。要找针不难，紧急情况下缝衣服的针也不是不可以用，但是没有线。缝伤口需要特制的线。所以他们到最后只好放弃了这个念头。

从那天开始，我躺下了。

每天必须睡在床上，换药，吃磺胺片抗感染。无形的恐惧折磨着父亲和姐妹们。他们不断想到邻居家那个已经不在人间的独儿子，他从前多么活泼淘气，模样那么俊美，说话那么清脆，谁知道竟然死了！现在我知道他肯定是死于伤口感染，但当我意想不到自己也变成了狗儿的美味时，谁敢保证我就肯定不会感染？

我毕竟只是个孩子，该吃就吃，该睡就睡，哪里懂得家里人的痛楚？我的全家人却整天提心吊胆，生怕我的伤口恶化。父亲不许我起床。我的二姐和四姐一天到晚守着

我，陪我说话。没有缝合的伤口长起来很慢，我觉得无聊，一会儿嫌枕头低，一会儿又怪床不平，我的姐姐就耐心地为我调整。我们的家庭教师牛维道是位饱学之士，他看我百无聊赖在床上受罪，就到玉皇阁借《万有文库》中的童话集来给我看，每次借10本，读完一轮就去更换，遇到不懂的地方他就给我讲解，他真是我的救星！我就在那时读了格林童话，《哈姆雷特》，还有不少中外著名作品的连环画。6岁7岁正是满世界疯跑的年龄，我却被固定在床上，这对于一个孩子来说是漫长的酷刑。但就在我的床边，牛老师讲解着《三国演义》中的诗词，我的思想飞翔在人类精神文明的长河上，姐姐有时候象母亲一样无微不至地关照我，有时候又象伙伴一样把外面世界发生的一切与我窃赏，每个细节都不漏过。有很长一段时间，我的裤脚一只长一只短，后来干脆变成了只到膝盖处的短裤，那是因为我父亲怕我伤口愈合慢，说通风很重要，先是剪掉一只裤腿，后来干脆就不让我穿长裤了。我的伤口也经过了整整一年才完全愈合，留下了触目惊心的伤疤。

那次受伤算是我人生旅途上遇到的第一个挫折，但是，那段时间我读了那么多的书，如果不是受伤，我可能还是跟其他伙伴一样受着常规的教育，做着那个年纪的孩子必然要做的大小冒险和恶作剧，我的思想也会跟正常成长的孩子一样规范庸常。因为受伤，我被抛离了正常轨道，承受着身体与精神的痛苦，在这种背景下去领略世界名著中的波澜起伏爱恨情仇，印象就格外深刻，被激发的想象力也就格外活跃生动，使我的语文水平上了一个大台阶。当我重新走进学校时，我的第一篇作文被老师画满了红圈圈，还加了好多表示赞赏的点评。我发现我养成了专心读书的习惯，没有书我就六神无主，只要手持一册，我就会自然地沉浸在书中所描绘的世界里，不管是自然科学还是人文社科的书籍，我读得一样来劲。读书的时候，我并不在这个客观世界里，我飞翔在理想世界，我乐趣无穷，强大无比。以后，无论客观条件多么恶劣，我都能通过书籍建构自己的世界，以书为友，汲取精神的甘霖养育自己的身心。在后来21年的监禁与苦力生涯里，我一直靠想象力生活，靠想象力来支持我的精神免遭堕落沉沦，靠梦想的激情来战胜一切艰难险阻，战胜孤独，甚至死亡的恶念。更为奇怪的是，我对书那么敏感，只要看过一遍就深刻铭记，记忆力没有任何消退的迹象。今年我已经81岁，仍然思维敏捷，除了外出和主持纳西古乐的演出外，我基本上呆在书房里，阅读、会友、处理事务、甚至一日三餐都在那里进行，我觉得无比充实，充满了力量与斗志。我能有今天，说到底要归功于那次受伤。可见世上的事情无所谓好坏之分，全在于自己的取舍。我们经常说要驾驭自己的命运，敢不敢驾驭，能不能驾驭，全在于自己的努力。

宣科先生在创作歌曲

建立大本营

　　先锋街街道办事处是一个百十平米的旧院子，旁边是一个使用率极高的公共厕所。正二八经坐着办公的人基本没有，院子的用途却很广泛。开居民大会，搞气功讲座，画壁画，做木工活，设计防空洞挖掘方案，等等等等，晚上就归古乐会当演出场所。为了争取这个特许令，我苦口婆心说服领导，说服了一个再说服另一个。我让他们知道我们做的事情很有发展前途，而且完全能够代表我们街道的形象。我说反正晚上办事处都关着门，场地闲着也是闲着，把它用起来，大研镇政府会很高兴，因为我们晚上也在加班工作，又不让政府发补贴，我们率先把群众文化工作抓起来了，上级领导会在功劳簿上给我们记一笔，领导那里有了好印象，以后街道要办别的事情，协调起来就容易多了。这些话很能打动我的领导们，因为丽江有重视群众文化工作的传统，再加上我是一个多面手，撑着街道的门面，因为在监狱长期做采矿工，有技术经验，所以连修防空洞的方案都是我来设计，领导们觉得我出了那么多力，

宣科正在小水井苗寨指挥村民合唱弥赛亚·哈利路亚大合唱

菲律宾南音长和郎君社到纳西古乐会交流演出（先后到纳西古乐
会进行交流的有：新加坡、福建、厦门南音总社、台湾南音社等）

不给我面子不行。就这样，我们古乐会这支游击队终于有了自己的舞台，虽然最初的观众只有十来个人甚至几个人，我们仍然演奏得十分卖力。

院子里有个小天井，在天井里放几排长木凳，那就是观众席。开始来听演奏的是古城里的老人，他们听不懂普通话，所以没有兴趣看电视，就到办事处来打发时光。我慢慢地置办了几口大水缸，它们起到了音箱的作用，当初弋阳的师傅就是让徒弟对着大缸吊嗓子，才练成了连唱数天不倒嗓子的绝活。可是，家什一摆放，就占了很大的地盘，打个转身都困难，我开始不知足了。我想，我们的古乐要生存，只有出名才行，出了名，条件才会改善，所有的艺术家和艺术品都要有大名气才有前途，才有立足之地。要实现这个目标，一要在理论上建树，二要在实践上成就。我把自己写的论文往最高学术期刊上寄，到1986年，天津音乐学院和四川音乐学院的学报都发表了我的论文，而且在国际上也有了反响。一个非正规军战士单枪匹马在学术领域闯荡，这个行为引起了国内学术界的注意。大家知道，控制学术话语权的是名牌学府的学院派学者，他们以严谨清高著称，对一个小人物的小打小闹很容易持不屑一顾的态度。但我要告诉大家，尤其是正在创业的青年，你们要有信念，这一点特别特别重要！其一，你们要相信自己。"是金子总会发光"，这句话绝对要牢记。你必须相信你手里的东西的价值，要知道你还年轻，有的是时间。我出狱的时候已经快50岁了，50岁都不算晚，何况你有青春。其二，你要相信社会。比如我，如果我不相信学者的学术良知，我就不敢朝人家寄什么论文，因为我没进过大学，没有师承，

还是个劳改犯，谁愿意理睬这样的人？但是我做了，最终获得了公正的学术评价，说明学者们心中的最高尺度是真理，只要你真有东西，哪怕你谁都不认识，人家还是接受你，给你应有的位置。听说这些年风气不正常，做什么都要送礼，程序很麻烦，很折腾人，所以有些年轻人就热衷于歪门邪道，这很可悲！我觉得你们不该失去信心，社会渠道有阴暗的一面，这只能说明我们走向成功的路途更加艰险，我们必须付出更加艰苦的努力，我们应该更加顽强。你们看年轻人追求爱情，如果一追就成，就会觉得索然无味，就不会珍惜；反过来，爱情的路途越是艰险，他越是精神百倍斗志昂扬，人家享受这个过程，成就这种享受，那才是懂得生活乐趣的人。有几位文学巨人的自杀要归罪于诺贝尔奖。你们不该朝有成就的人颁发人类成就的最高奖！应该给他留点余地，给他点想头。诺贝尔奖都得到了，全世界都承认他是老大了，比这个大的奖没有了，他接下来该怎么活？所以他就朝自己开枪，或者用嘴巴咬住煤气管，这个教训一定要牢记。

机遇终于来了。

大石桥附近有个大院子，是商人袁双合、田玉清两亲家合建的。袁家在西藏做生意，卖大黄发了财，田玉清是千户长，两家人来到丽江，修建了这个占地数百平米的大宅院。解放后，院子被政府没收，当作物价局的职工宿舍。

物价局的局长是位女士，她的二女儿是我的学生，喜欢英语，经常来让我给她开点小灶，后来这孩子考上了外语学院。那时候，为了鼓励单位盖新房子，政府有个规定：凡是盖新房子的单位，由政府给予经济补贴。所以每个单位都想盖新房子，物价局也不例外。我问清情况后，就去找局长，让她把院子卖给我做演出场所。她很为难，因为没遇到过这样的事情，不知道该怎么做。我说："我去找县长，一定给你把新房盖成。"

我找到当时的县领导，把情况跟他们说明了。我说我们应该有一个展示传统文化的场所，我们需要一个传播民族文化的基地，这是很重要很有战略意义的事情。和自兴、和良辉两位领导立即去看了现场，说第二天要开一个现场办公会。

第二天，来了许多人，公证处也来人了。我一点也不虚，我知道我们的纳西古乐是国宝，何况我是买房子，不是跟政府白要。我发现我居然有律师的才能，每个回合都表现得情理并茂无懈可击，事情就这么成了。

我们开始装修那个院子。坐椅是我亲手设计的，前一排坐椅的靠背上带着一排小茶几，所谓茶几，就是在木板上钻一个洞，正好把杯子托住。朴素，简洁，清高，正是我想要的效果。天井用隔音材料封顶，正厅当作演奏台，天井就做观众席。开始我们试着每周对外演出一次，后来发现游客多起来了，我们的演出就变成了一周两次，好像还是很叫座。那时候的门票是4元钱一张。

我自己也有一个观念改变的过程。古乐对外演出，就意味着它已经变成了商品，那么，营销就成了最重要的事情。最先红起来的景点和项目开始给导游回扣，以保持客源兴隆。我们的门票比人家的低，但导游得不到任何利益，他就不把游客带到你那儿来，这就是市场经济的规则。很多人劝我接受这个游戏规则，我想不通。我是一片好心，想

时任加拿大总理克雷蒂安聆听古乐后合影

给游客省点钱，我的价格比人家低，东西比人家好，为什么你们不来呢？我抵抗了好久，最后还是不得不入乡随俗。那么好吧，你们不是要搞市场经济吗？我也行，不会比你们差。销路一打通，门票价格和观众数一起上去了。我就是那种人，决不准许自己输给任何人。

在这个院落里，接待过多个国家的元首和重要领导人，它成了一个文化交流的显要平台。我们的门票是一个比巴掌小的小册子，信息量很大，我一次就印 30 万册，每册的成本费是 4 元，没有第二个人会象我这样舍得花成本。我的使命是传播文化，我希望游客听完音乐后可以终身收藏这个小册子，一辈子不时拿出来翻一翻，回忆起一个叫丽江的地方，它的人民多么和善，它的社会多么安详，一切都浸泡在一种叫做纳西古乐的音乐里，象一杯最勾人魂魄的好茶。音乐是什么？音乐是打开地球的钥匙。地球本来是闭合的，音乐打开了它，让人和自然、人和人沟通交流，消除隔阂误解，化干戈为玉帛。音乐的归宿与终结是追求大同，是全世界的和平，所有生命的和平。丽江多两种人，一种是疯子，一种是才子，两种人都是理想主义者。我多次慎重反省，发现自己身兼二职，乐此不疲，已经不可救药！

宣科先生讲述他的经营之道：羊毛出在票身上

美军印象

　　20 世纪 40 年代，昆明街头会见到美军的身影。他们是一些英俊的年轻人，就象你们在电影《珍珠港》里看到的那样，活跃潇洒，充满了生命力。丽江街头也会有他们的身影。一些多情的家伙会等在某个学校的门口，放学时间一到，女学生们涌出大门，如果看到了合意的，他们就会上去攀谈，主动提出送她回家。

　　丽江人对美国军人的大方殷勤还不习惯，但并不妨碍军人们在民间找到谈得来的异性知己。我认识的一个女学生就有一个美国朋友，他们非常谈得来，每次飞行任务结束，他都会来看望她。他告诉她，有两个飞行员朋友，是亲兄弟俩，弟弟在飞越峡谷时遇难，他的哥哥就不断地替弟弟去一所学校看望他弟弟的女友。说到这里，对面的女孩哭起来。他一边安慰她，一边对她说：我就是那个哥哥。那个女孩子请哥哥一定把弟弟的骸骨带回故乡，她说他弟弟每次都跟她说这样的话，他最害怕的事情就是不能回到故乡。

　　人类虽然分成不同的人种、群落、民族、国家，但只要沟通一下就不难知道，人性是相通的，这就是一些作品

可以超越时间地域的限制得到广泛认可的原因。中国人读《巴黎圣母院》，其感受未必不如欧洲人深刻。我相信对哈姆雷特的犹疑性格中国人体验得更加深切。对于故乡、爱情、嫉妒、同情这些话题，全人类的反应不会有多大差别。那个姑娘出于巨大的怜悯心决心嫁给那个哥哥，前提是他必须留在丽江；但那个哥哥说他必须把他弟弟留下的女友带回故乡，正式结婚。这个故事不亚于《泰坦尼克号》，这就是人性的魅力。

我祖母过世后葬在丽江南口洋人坟。那是教会买下来作为教徒安息之土的一块风景区。把宗教信仰相同的人葬在一起，让他们在另一个世界继续做伴是丽江历史上从来没有过的事，我清楚地记得，祖母的旁边后来挖了一个大坑，美国飞虎队 7 位飞行员就葬在那里。大约是 1943 年的一天，我们去教堂开追悼会，地方领导亲自主持了这次悼念仪式。牧师在虔诚地念经，飞行员的遗体就装在尼龙袋里，他们手上戴着一条特殊的手链，里面装着特制的身份卡。祈祷结束后，他们被送往我祖母身边，集体埋葬在那个大坑里。很多丽江人到了安葬的现场，眼看着 7 个曾经欢蹦乱跳的小伙子被葬在了异乡，心里涌起了说不出的忧伤之情。1946 年，美国国会将飞行员的遗骨取走，送回他们的故乡安葬。那个大坑变得更大了，再也没有人把新的遗体埋葬在那个位置，那里成了一个永远的伤疤。

二战期间的史迪威公路是一条国际交通大动脉，以美国将军史迪威的名字来命名。多少人享受过那条公路的恩惠，却没有几个人见过那位叫史迪威的将军。记得二战末期，丽江的怪事变得越来越多。丽江白沙有个飞机场，天天有飞机起降。美国飞行员在丽江机场短暂休息，吃一点点心，

宣科先生在夏威夷大学音乐系讲学

喝点酒,然后飞走。我必须说实话,美军飞行员特别能喝酒,
他们总是酒后驾驶,就象今天很多人喜欢酒后开车一样。
有一次,一架飞机在中海(丽江坝子中北部)降落,轮子
陷在软土里动弹不得。那几天,远近的丽江人都赶到现场
去看他们从来没见过的飞机。他们看见美国军人把汽油倒
在地上,用打火机打燃,把铁皮罐头拉开,在火上热罐头吃。
我们丽江的火县长亲自率领几千人去帮忙拉飞机。手腕粗
的尼龙绳拴在飞机身上,有人喊口令,其他人就按照口令
的节奏发力,飞机开始非常缓慢地移动,再移动,很长时
间后终于脱离了软土的钳制。我不知道那些拉飞机的人们
会怎么想,真是太奇特了,还没坐上飞机,反而先让飞机
坐了自己,的确有意思。

又是一天。一大早,父亲就安排我们骑骡子去飞机场。
从古城去机场有 20 多里路,够我们走一阵子的。那个位于
白沙的老机场是一片开阔地,长满荆棘,怪石嶙峋。在其
中平整出一块地方作为跑道,非常简陋。那里的风一年四
季都大得要命,两个人说话要大声喊叫才听得见。经常可
以感觉到沙子打在脸上的刺痛感。当时最著名的驼峰航线
是一个叫洛克的人画制的,为了完成这项工作,他用双脚
踏遍了涉及到的每一个地点,我们通过那部让世界肃然起
敬的《中国西南古纳西王国》就可以发现洛克的足迹几乎
遍及滇川藏所有重要的区域所有的地点,在 27 年的时间里,
这个美籍奥地利人没有爱情没有婚姻,把全部精力用在对
这片区域的科学探察与文化追寻上,他曾经亲自驾驶直升
飞机飞越虎跳峡,狂肆的大风几次差点使飞机撞上悬崖峭
壁,让他出了几身冷汗。

天空传来轰鸣声。我们抬头仰望,看见两架战斗机俯

冲而下，在天空象燕子一样盘旋。它们是前来探察的前卫。在确定没有异常情况之后，空中霸王 B52 平稳降落。这是我们从没见过的巨型轰炸机，机身有 5 个螺旋桨。

我们按照指点朝飞机招手致意。一个号手、一个短笛手、一个鼓手承担着军乐团的功能，他们开始了整齐而有气势的演奏。我们的心开始加快了跳动的速度，一个不平凡的时刻就要到来了。

机舱门终于打开。一个高个子出现在舱口。瘦削的脸庞，双颊如刀刻，显现出坚定的意志与果断的作风。船型帽，美军制服，眉宇间流露出成熟的军人气质和勇士精神。我这才注意到迎接的队伍很庞大，所有的丽江官员和有身份的人都到场了。

那个神秘的高个子在舱门口用二指做了个手式向众人致意。短笛吹起了第二国歌。在国歌声里，他从 20 多个美方人员面前走过。

我父亲走上前，用熟练的英语与他交谈，他们热烈握手。然后我父亲把我介绍给他。

我从小就在教会唱诗班说英语，所以很自信。我用英语对他说："先生，您好！"他显然很惊讶，问道："你会英语？"我点点头。他高兴地说："不坏！"注意地看了我片刻，我看出了赞许的表情。他说："要学好数学，数学很重要。"

我后来的数学果然很好，而且一直好，在小群体中从来没有落后过。

美方人员被官员和乡绅迎进了屋内，我眼中的英雄消失在我们的视线里。

我的耳朵里不断地听到史迪威这个名字，我知道了他

就是那个高个子。我回味着他的手式，他的风度，他的声音，满脑子都是意犹未尽的兴奋与遗憾。那时候日本人经常来轰炸史迪威公路，失事的车辆很多。我亲自看到弥渡坝子边上的红岩坡上四脚翻天的福特汽车在悬崖下象个小玩具，车子冒着烟。父亲说："又有50个乘客去见上帝了，快为他们的灵魂祈祷吧。"那时候我们去昆明就要在史迪威公路上走。每天天不亮就上路，黑透了才住店。住店者会一起咳嗽，因为汽车用燃烧的木炭做动力，手摇发动和鼓风，车内充满了烟雾。我们走的大多是弹石路，这种路虽然很颠簸，但不打滑。每一天坐下来，我们不仅吃够了烟雾，而且满身尘土，全身抖得散了架，一路忍饥耐渴，苦不堪言。当时中缅边境在打仗，总战区司令长官孙立人将军跟史迪威将军很有交情。听说史迪威将军跟蒋介石因观点不合而吵架，大怒之后在保山烧毁了援华装备。可见他是一个坦荡固执的人。

我们骑着马和骡子返回丽江古城。在半路上，随着一阵巨大的轰鸣，三架美国飞机飞走了。我仰着头，一直看着银色的雄鹰飞向遥远的天际，融入了万里蓝天。我那时候就在想，大人物和小人物，作用究竟是不一样的。

飞机很快消失在蓝天深处。我忽然生发了一种恐惧，害怕自己也消失得无影无踪。芸芸众生，一群群来，一拨拨走，只留下了大人物的名字。我要做一个大人物！这是一个孩子狂妄的梦想，我将为此而奋斗不息。

与美国加州大学的学生在古乐会合影

昆明求实中学建校七十五周年庆祝大会上
与 1947 年高八班部分同学合影

那个时代的男人

我父亲那一辈有弟兄三人。一个战死沙场,另外两个风格迥异活成了不同的模样。

我对二叔有一种说不清楚的感情。二叔二婶有三个孩子。如果二叔是我父亲那样的人,做了三个孩子的父亲后,就会老老实实呆在家里安居乐业。事实出人意料,结婚并没有使二叔断绝对更大世界的好奇心。有一天,二叔和另外两个丽江男人跟着英国人走了,他们要去人迹罕至的地方冒险,表面上是为了一笔数目巨大的报酬,实际上是为了实践男人的野心。他们把寻觅到的珍奇动物做成标本,带到了印度。那段经历肯定非常离奇危险,可惜都被当事人带进了历史的坟墓。在印度,雇佣他们的英国人突然不知去向,做着发财梦的三个丽江男人被丢弃在异国他乡,身上没有任何积蓄。好在印度是茶马古道的目的地,丽江人在那里有自己的关系网,聪明的二叔终于找到了可以帮助他们的人,就凭借他们的帮助在印度打了一场官司。结果,把三个人的报酬赢回来了,总算没有白辛苦一场。三个因祸得福的男人抑制不住成功的喜悦，取道海防回国。当初英国人许诺的工资是很大的一个数目，现在这笔钱到手了，他们当然要沿途逍遥一番。那些日子，他们花钱是不知道心疼的，就象上了岸的水手，花天酒地不辨晨昏。

三个人边走边玩，到了中越边境的河口，安置下落脚的帐篷。

一天，猝不及防地，帐篷里突然冲进两个越南姑娘，一头扎到了床底下。三个男人大为疑惑，上前追问。床下有声音回答：法国兵追杀，请救人一命。不一会儿，法国兵果然到来。三个人沉着应战，拿出通关证供查验。法国兵问有没有见到可疑人等，三人异口同声说没有。法国兵看不出破绽，悻悻离去。

确认危险已经过去后，三人请出了床下的姑娘。两个姑娘皮肤白皙细腻，身段高挑婀娜，眼睛漆黑，长发如瀑。姑娘说兵荒马乱没有去处，说罢面露悲切之色。二叔的英雄气猝然勃发，什么都不顾了，脱口就问两个姑娘是否愿意跟随回丽江。姑娘喜出望外，马上就说了愿意。这回，二叔是骑虎难下了。

二叔一行先到了下关住下。二叔给我父亲发了一个电报，说要同时娶二女。我父亲对这一变故没有思想准备，震惊程度可想而知。二叔那里等得急，父亲在一番翻江倒海的思想挣扎之后，冒着胆子去见二婶，惭愧之情难以言表。二婶一听大怒，拔刀扬言要杀！我父亲周旋了一阵，给二叔回了电报，说不许。二叔立马又回电，说二女身世凄惨，无依无靠，可怜。我父亲又去找二婶商量，细说缘由，分析利害。二婶终于心软，说他要另娶也是没有办法，但

一次娶两个未免伤风败俗，叫他给其中一个另外安排着落。二叔接到电报，就把其中一女送到昆明安南村（当时把越南叫安南），给了她一笔钱做生活费用，二人就此分手。

二叔一行从玉龙锁脉（城南）浩荡回城，二娘坐滑竿、戴墨镜，年轻美丽，观看的人站满了沿途的街道。第二年，二叔二娘生下一个女孩，叫宝玲，小我几岁。我们一群堂兄妹经常去二婶家玩耍，二婶对我们很慈爱，对宝玲更是倍加疼爱，可见二婶的明理与善良。

二叔是个生意人，也是个不断闯祸给我们惹麻烦的人。一个月黑风高之夜，已是夜半时分，大门突然被狂乱猛敲，看门狗老黄狂吠不止。我和父亲提着砍刀下到一楼，问，答是二叔。一开门，二叔冲我父亲跪下。父亲大惊，问怎么回事。二叔说："不走不行了，租了十架滑竿，换着抬好赶路。"当夜二叔全家离开了丽江，把烂摊子留给我父亲来收拾。

第二天，我父亲在家里织袜子，一群藏人冲进院子，气势汹汹揪住我父亲的胸口，叫他把二叔叫来。我父亲不露声色到二叔家走了一遭，回来说："他不在。"藏人大骂二叔欺骗朋友，把假鸦片冒充真鸦片卖给他，骗走了他一辈子的积蓄。这个来自乡城的藏人虽然气得痛不欲生，但还是十分讲义气，冤有头债有主，到底没有为难我父亲。后来那个藏人把自己给气疯了，到了沿街乞讨的地步。我父亲是一个非常慈悲的人，知道二叔给别人带来了灭顶之灾，心里的煎熬会是什么滋味？可想而知。

二叔一家到昆明后，隐居于深巷。

当时，统治云南的是来自昭通的龙、陇、卢、安四大家族。安恩甫家的公馆在巫家坝，养着上百条狗，一半是昭通的撵山狗，专门有一个班的人力照顾狗。安恩甫跟我父亲有交情，特别喜欢我，就把我收作养子，取名叫安道新。我父亲叫宣克新，给我取安道新这个名字，是为了把生父和养父的名字都放进去，以示纪念。

因为我的特殊身份，可以自由出入安府。不是我贪图富贵，我觉得人生来就是高贵的，就应该出入高雅场所，住在优美安全的庄园里。我蔑视不能给家人带来衣食无忧的生活的男人，他们使自己的妻子儿女饱受物质匮乏的屈辱，不能昂着头颅张扬原本高贵的人格，使亲人卑躬屈膝委琐劳顿，受尽苦楚……这样的男人不配结婚。我现在住在占地80亩的庄园里，安谧地与书为伴，平静地生活。我拥有的庄园比当年的安公馆还大，而且，我还自己出资550万元建造了音乐厅。我不知道在中国，能拥有私人音乐厅的人除了我还有谁。人生总是毁誉参半。我这个最不能容忍向人低头的人，却做了21年苦役犯人下人。虽然说苦难是一种财富，但那些年的屈辱痛苦却不是所谓的荣华富贵可以补偿的。钱可以赎回我的青春与欢乐吗？如果不能，钱又有什么用处呢？只剩下一个用处，就是用来帮助那些需要用钱去做重要事情的人。这些年来，我向社会组织和个人捐赠的款项就有1000多万元，我希望我的微薄力量能使一些有希望的人们改变他们的命运，越过艰难险阻走向光明的未来。

二叔到昆明后还是做生意。一天，二娘哭着来找我，说二叔被宪兵抓去了，他牵涉到了一个军火案子中，肯定凶多吉少。家里人一商量，决定让我去请安恩甫帮忙周旋。

我当时还是个中学生，小小年纪，胆子却不小。我带着二娘和小约翰（二叔二娘的小儿子）进了安公馆，见到了干爹。他热情地安排了晚饭，招呼我们一起吃过。二娘哭诉了事情原由。干爹听完，说了声不要紧，走到电话旁拨了号码。我听见他对对方说："马上把人放了。"然后他走向我们，轻松地说："没事了，放心接人吧。"小约翰还小，表情一直很紧张。干爹看他那副样子，就逗他道："不要哭，你一回去就会见到爸爸了。"就这样一个电话，事情就摆平了，这对一个刚刚开始步入青春期的少年，会产生怎样的影响？我的确崇拜权力，不愿意当小人物。我一辈子努力出人头地，就是因为不想被人任意宰割。后来，父亲告诉我，如果不是干爹那个电话，二叔就没命了。什么叫指点江山？从这里就可以仔细品味。

很多年以后，二叔已经是一个老人。在印度街头，冷不防遇到了一个熟人。那人衣冠楚楚，一下子认出了二叔。二叔看出那人是谁后，很是惭愧的样子，含糊地为往事道歉。原来，那个在跟二叔的生意中赔尽了本钱的藏人发疯之后又忽然清醒过来，他没有泄气，继续东山再起，终于在印度发迹，创下了大家业。看到二叔，那人很高兴，二叔却觉得尴尬。那人看出了二叔的心思，大方地说："过去了的事情，不要再提了，过去就过去了，我们还是朋友！"二叔见对方的日子过得象模象样，心中埋藏多年的负疚感终于彻底放下，两人和好如初。

二叔晚年定居加拿大，享年94岁。

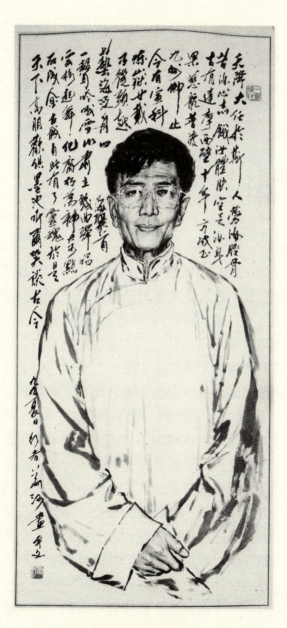

国画里的公民宣科

苹果园

　　1978 年，我从监狱出来，成了街道上的新居民。贺之章的那首脍炙人口的诗歌里写道，一个老人回到故乡，头发胡子都白了，遇到童年时的伙伴，人家认不出他，还问客人你从哪里来，我觉得那么多人喜欢这首诗，就是因为它写出了一种深刻无比的人生况味，说出了折磨大家心底的那种共同感慨。我回到故乡的最初日子就是那么一种状况，到处遇到熟人，因为我一出去就是 20 多年，虽然回到的还是原来的街道原来的房子，但我在大家眼里却已经是一个外人，而且我坐了好多年牢，算不上荣归故里，给别人留下了许多猜想的空间，多多少少有些隔阂。我虽然身份卑微，但总得给我一个吃饭的理由，毕竟我已经不是那个毛头小伙了，还有嗷嗷待哺的孩子等着养活。街道居民委员会的领导就对我说："北门坡的果园要人守，就是你去吧。"

　　那北门坡是什么地方？原来是烂葬坑，都是乱坟。死人的骨头变成磷肥，半夜会发光，随风游走，民间叫做鬼火，人们到了黄昏就不敢从那里经过。曾经有一伙闲人喝酒打赌，说谁敢到山上的一个地点取来事先拴好的红布条就算他胜利，结果一个胆子大的就答应去冒这个险。那位老兄先喝下壮胆酒，然后就在夜色中上了山。到半夜，他脸色惨白神情憔悴地回来了，说是他刚刚解开红布，就有人拉住他后衣襟，动不了。众人讥笑道："你是在做梦呢，说胡话。"他认真地反驳道："你们看看我的衣服，扯烂了一大块！"一看，真是那么回事。等天一亮，众人迫不及待赶到拴红布的地方，这才发现一棵树上的一枝带刺的枝条横斜着，上面勾着一小块扯下来的布——原来他是被枝条上的刺勾住了……

　　20世纪70年代的北门坡，整个山头上都种着苹果树。丽江的气候适合种植苹果，红元帅、红富士、金帅、国光、翠玉是最常见的品种。磷肥滋养下的果实长得又壮又大，坡顶上的县五七一中的学生们上学的路就在苹果树林子里蜿蜒，果子就挂在他们鼻子尖上，随手就可以摘下来啃。啃一口，好吃就接着吃，不好吃就随手一丢，再重新摘。虽然一座山都让果树占满了，究竟还是禁不起那么多学生折腾，守果子就成了最费劲的活路。原来也有个守果子的，叫老黄，是个来自四川的孤老头子，没儿没女，住着一间屋子。前几天，他突然被杀害在家里，枕头边的钱物都好好在着，只取了他的性命。人们说，那是他以前跟什么人结了仇，现在仇家寻来报复，要了他的命。这个案子搞得一条街上的人惶惶不可终日，一种阴森恐怖的气氛笼罩在人们心头。那边老黄刚刚被杀，这边就让我去顶替，除了刚出狱的我，谁愿意接老黄的班去？我当然不愿意去，但

是我不能说不，我才回来，要无条件服从安排。我在心里挣扎了一番，上山去了。

我的身下是一座光绪时期的坟，修得很坚实精致。那座石碑就做了我的坐椅。上面垫着一大块烂布，那是老黄从前的坐垫，现在归我使用。我身边堆放着白天捡来的干柴火，一堆火温暖地炙烤着我，我不断地添柴，火上那把烧水茶壶也是老黄的旧物。夜里的风特别冷，我觉得闻到了腐烂尸体发出的怪味，还有棺材板味，骨头味，似乎还听到了凄厉的叫声。天亮后，我回到街道，心里怕得不行，却不能说。领导来到我家，对我说："果子损失很大，你怎么搞的，要多加点心思。"我挨批后又上了山，这回，我一觉得有响动就大声呵斥，我的声音在静夜里显得很大，多少给自己壮了些胆。第二天又挨批，因为又丢了好些果子，这回我不想办法不行了。

我的邻居是个性情中人，喜欢放鹰养狗，天天泡在酒里。他喜欢把一条黑色的猎狗带在身边，知道我会说外语，就让我给他的狗取个外国名字。我想到了外国一部连环画中的狗王，它叫拉西，我就给它取名叫拉西。我喜欢狗，拉西跟我很亲近。我对它的主人说："我一个人在山上过夜，要是有拉西做伴就好多了。"他一听就爽快地说："好嘛，让它每天晚上跟你做伴。"从那天起，我就天天晚上带拉西上山，身边有了它，我的胆子壮了不少。

又是一个深夜。

我坐在寒风里，感觉自己的身体在渐渐变冷，麻木，关节开始酸痛。一群小男生出现在我面前，他们正在淘气的年龄，肯定是下了晚自习没有回家，在山上逗留。他们很会说话，其中一个问："我们可以跟你一起烤火吗？"我知道他们冷了，当然不会拒绝他们，我就让他们过来。

孩子们很聪明，其中一个还把从家里偷来的烟递给我。我这个人最喜欢学生，看见有几个学生陪我，心里高兴得不得了，我就很平等地跟他们聊。他们没有忘记吹嘘自己，也没有忘记刁难一下我。他们问我："你说，英语里的苹果怎么说？"我用很标准的伦敦音发了一遍，把他们吓住了。每个人都试了几下，就是发不出我那个味道。他们就说："你再说一遍。"我就连续说了几遍，然后在方法上指点了他们几下。他们把我吹捧了一番，弄得我云里雾里的。在野外大山上的夜晚，有几个人陪我说话，不错。等他们走了，我还觉得意犹未尽，心里美滋滋的。

此后连续几天，他们都在晚自习后过来陪我说话。我给他们讲了很多东西，都是他们从来没有听说过的。他们对名画《最后的晚餐》很感兴趣，我就教他们欣赏画的方法。耶稣的众门徒，每个人都有自己的内心语言，藏在独特的表情后面，必须细微地观察才能感受到。看得出来他们真的听进去了，我当时很孤独，很有紧迫感，有人愿意听我讲话，我当然很有兴致。

但就是在那几天，我被骂了一顿，原因是苹果仍然在丢失，而且丢失的数量不小。有的树整棵都被摘完了，而果实才半熟，不可能是成人干的。

问题出在哪里呢？思来想去，我把每个细节都琢磨了又琢磨，突然醒悟到每天晚上的会谈其实是一个布局。那些聪明的孩子用了调虎离山之计，派几个人来跟我闲谈，其他人就大量偷苹果。就是这么回事。恍然大悟之后，我

心里很有受骗感。你想，我真心教导他们，跟他们做朋友，他们却设计来骗我，好让人伤心。唉，也怪那些年太穷了，缺吃少穿，哪里都一样，也不能太跟他们计较了。

又到了晚上。我坐在老地方，他们果然又来了。几个人围在我身边，找着话头，聊得很起劲。我摸着拉西的头，解开脖套，拍着它的头说："拉西，去那边！"话音刚落，拉西象箭一样射向黑黢黢的夜空。紧接着，遥远的地方传来一阵怪叫声，掺杂着拉西的狂吠……

不一会儿，拉西回来了，急促地喘着气。我知道它不会乱咬人，但它肯定把他们吓得不轻！在场的几个孩子慌慌张张站起来就跑，他们知道我已经识破了他们的计谋，而且急着去救应他们的同伴。我对他们喊："明天又来啊！"明天他们却没有来。不好意思来了。

时间不知觉又过了 30 年。

现在，北门坡整座山完全被密密麻麻的房子遮盖了。我还记得那里建造第一所房子的情景。主人家高高挽着裤腿，男的忙着挑水，女的用脚踩稀泥，把大捧稀泥装到木模子里抹平整，然后将模子提起来，一块土坯就做成了。土坯做成一排排一行行，在阳光下翻晒，将来用来砌墙。最初的建设者是古城和附近村子里孩子过多的家庭，由于没有更多地盘供下一代瓜分，得不到旧产的人就跑到山坡上来开辟新家园，房子就这样一天天多起来，后来起房子的越来越多，树就被今天砍几棵，明天砍几棵，砍来砍去，全都没了。一些院子卖给了外地人甚至外国人，他们非常喜欢那里居高临下的地势、畅流的空气和山顶的森林。我有时候去那里做客，却再也找不到当年我做守林人时落脚的那座坟，也不见了那些茂盛的苹果树了。那些东西好像一夜间不知了去向，没有留下任何痕迹。我不由得想：300年前的北门坡是什么样子？300年后呢，又将变成什么样子？谁能预料呢？

北门坡与古城之间只隔一条马路。在一定距离外看，它和古城完全是一个整体。如今它已经堂堂正正地划入了古城的版图，成了世界文化遗产的组成部分。

宣科庄园里中国首屈一指的私人音乐厅：纳西古乐演奏厅

丁亥四月初四

宇翀一生嘴混虫

沧桑浮声世唱阳

喜乐闲静寒残

秘宇科铁赠
与宇科先生

孔祥庚

麒麟的故事

　　麒麟跟龙一样，本来没有，是中国人想象出来的事物。我小时候看过很多画上的麒麟，最多见的是麒麟望月的主题，画面上的麒麟扭头看天空，那个造型在旧时代一直代表着人们的某种人生理想。

　　我从监狱回到丽江时已经 48 岁。按照一般的看法，这个年纪已经可以开始巧妙地收尾，把事业的锋芒稍微收敛，所谓见好就收，激流勇退。而我呢，除了父母留下的那个院子、年轻单纯的妻子和一个襁褓中的孩子，什么都还没有开始。我回来后被安排做了几件事情，先是在车队押车。排锯厂是锯木头的地方，我跟着运输车每天在大山上绕弯子把木料运回厂里，回到家满头满脸都是灰尘。然后我到排锯厂锯木头，晚上就到北门坡守护苹果园。作为一个知识分子，总要追求实现社会价值，所以我不甘心，我还没有构建起实现人生价值的平台，我的事业还没有起步，我知道我还有更重要的舞台。那时候的我，称血气方刚一点也不过分，远大的抱负在召唤我，青春的激情在折磨我，

我跟一个18岁的青年在心理上没什么区别，不同点仅仅是我的渴望比他们迫切、意志比他们坚毅、经验比他们丰富而已，因为我到底已经不是真正的18岁青年，而是48岁的壮年人了。记得那时候我走路从来比别人快半拍，连跳带蹦的充满了朝气，那些学生娃娃更有意思，他们不会看人的年龄，都以为我是二十多岁的年轻人，胆子大的还想跟我称兄道弟，所以我正式进学校教书前就已经结识了一大帮忘年交。

我们的街道办事处是个小院落，三房一照壁，照壁空着，大家都觉得缺少了东西，空落落的不舒服。领导知道我会画画，就给我派了新任务，让我把照壁画出来。我问他画什么，他说家家都画松鹤延年，你照着画就是了。我马上说："跟人家的一样还有什么意思呢？我们的街道要发展，就要有自己的想法自己的东西。照壁就象风水，弄好了就会有大前途。"我们领导没什么文化，但对文化人说的话很在乎，他就问我："那你说画什么？"我就说："画麒麟！那个东西跟龙一样，照壁上有了它，一定会人才辈出。"丽江这个地方的人注重对后代的教育，望子成龙的心理特别突出，我这么一说了，他特别高兴，事情就这么定了下来。

照壁宽3.1米，高5.2米，给我的材料是油漆。我以前在红河州的时候画过领袖像，驾轻就熟吃老本，难不倒我。从那天开始，我摸的是油漆，闻的是油漆，浑身上下抹的是油漆，连睡觉做梦梦到的都是油漆味儿。一天到晚，办事处有很多人出出进进，有的人就留下来看我画画跟我说话。我把工作当作一件大事来做，我要画一只从天上下凡的麒麟，我要在上面题诗，还要把《歌德巴赫猜想》里的那条著名定律写上去，让我们丽江出各种各样的人才，让我们丽江横空出世腾飞于世界民族之林……我想了很多很多，想得热血沸腾！我象历史上著名的油画巨匠一样，涂抹一阵，就走到一定距离外仔细观察琢磨。这一看，完了，油漆毕竟只是油漆，它会象烧化了的蜡烛一样朝下流，就象一排小孩一起流鼻涕似的乱七八糟。我只好把它们铲掉重来。

在如此困难的情境下，我的工程推进花费了不可思议的工夫。有好些天，我一直想着怎么让麒麟把头转过来扬起来，因为我见过的麒麟都是扭着头的。记得有一天，院子里进来一个拍记录片的人，他看了我一会儿，就说要把我画照壁的情景拍摄下来。我很高兴地答应了。于是，他把他的设备摆放好，把我的作为如实拍了下来。我虽然觉得不过瘾，但还是很高兴，毕竟上了一回电影，拿到外地一放映，到处的人都看见我了，多棒！晚上，他再次来到院子，我们一起烤火喝茶。这位资深摄影师姓田，很显然，他把我当作了一个难得的谈得来的朋友，我们谈了许多问题，包括自己的处境和对未来的设想。我忽然想到了一个人，就问："你知道汤汝雁吗？"他说："他是我们民族电影制片厂的厂长啊，你怎么知道他？"我说："当年我介绍他加入了进步学生组织，我们一起闹过地下革命呢。"他很惊讶，说："你这个人不简单，明天我们重新拍一次。"第二天，他果然来了，把我和我的画再拍了一遍，拍得很细节化。我知道我看不到这个片子，但想到我毕竟进入了一个记录片，也就等于进入了一段历史，所以觉得很欣慰。

后来的事大家都知道，我发现了纳西古乐的价值，开

始了事业上的努力追求，结果成了一个世界名人。整个过程我非常清醒，也就是说，我一开始就知道纳西古乐一定有扬名全球的那天，我不是在侥幸求胜，而是随时随地充满必胜的信心。这和赌博不一样，赌博者不知道自己会赢还是会输，我却知道自己一定赢，只会赢，对这一点我从来不怀疑。1996 年 2 月 3 日，丽江发生了 7 级地震，我们办事处的房子也倒了，那面照壁的命运也好不了，整个倒塌了。那一刻我的心情跟失去了亲生的孩子一样难过，我画的可以称为作品的东西由于条件的限制，一幅也没有留下来，这很令人伤感。那时候我很穷，买不起相机，也没把自己的作品拍下来，现在想起来很是心痛。人生就是这样，经过奋斗努力，你有了地位，金钱，荣誉，排场，却没办法让年轻时代的你吃一顿饱饭，就是这么回事。

随着时光的流逝，我越来越怀念我的麒麟，画它时的种种细节经常出现在梦里，纠缠着我的每根神经。我怀念那个时候的我，就象老人怀念他的青春。终于有一天，我实在不能再忍下去，把手伸向了电话听筒。我拨了汤汝雁家里的电话。通了，来接电话的正是他。我们寒暄了一阵后，我问他制片厂里有没有一个姓田的老摄影师。他爽快地说："有啊，他刚刚还在我家里跟我聊天，已经退休了。"我的心砰砰砰急促地跳着，又问："你们厂的片子怎么个保存法？"他说："啊，讲究得很，技术指标很高，要专设片库，湿度温度都严格控制。"我继续问："那么，你们保存所有的片子吗？"他说："当然了，那是我们的工作业绩。"我咬住不放："胶片都是可以洗印成照片的，要是把胶片中的一帧洗出来翻拍，可以吗？"他想了一下，说：

"应该没问题。"我跟着就把画麒麟的事说了，请他让田老师跟我对话。晚上，我跟田老师终于通了话。他很理解我的心情，对我们当初的交往印象极为深刻，他答应帮我翻拍照片。

那以后田老师肯定花了不少力气，用他的行家的眼光帮我找到了原始素材，从中挑选了最能反映全貌的那一帧。洗出来一看，效果很传神。就这样，失去的麒麟又回来了，变成了一张照片摆在我的书房里，天天陪我。我的目光常常停留在它上面，就象放电影一样，我出狱后开始创业那段时间的点点滴滴全都在麒麟照片上得到了复活。那种感受，只有老战士抚摩他的军功章或者老人抚摩自己身上的伤疤时的感受才可以相比。我是一个普通人，也是一个有血性的男人，我的雄心壮志全寄托在麒麟身上，我不能没有它的激励，不能没有梦想。麒麟是人造的奇迹，我也想创造奇迹，变不可能为可能，我要给世界留下惊人的印记。创造二字就是我的兴奋剂，我的长生不老药，麒麟就是我的象征。

失而复得，你想想那是什么样的幸福吧。人生之所以有意思，就是因为它一直在得失之间循环，折腾过来又折腾过去，一会儿把你挑在浪尖，一会儿把你打进地狱。没有毅力的人，意志软弱的人，就在某个关口倒下去，再也起不来。我很忌讳别人说"完了"。只有胆小鬼才喜欢自己吓唬自己，怎么会完了呢？那口气不是还在着吗？既然还在喘息，为什么不行动，去改变事情的走向呢？与其坐等，不如行动。这就是我的逻辑。

事物间存在着神秘的因缘。年轻时的一段经历，决定

了几十年后麒麟的失而复得，这世界实在是奇妙不已。我们种下各种各样的因，然后在岁月的枝条上采摘各种各样的果，多么幸福的游戏啊。年轻朋友们，你们要知道这个道理，只有那些不停地栽种因的人，才会在后来收获无穷无尽的果。耕耘吧，不问收获，而丰收却自然地在不期而遇中到来，必然到来。

我希望你们都有充分的理由期待你们的明天，你们的丰收！

与夏威夷大学的学生们在一起

人生无赢家

　　我的父亲是一个乐观的人。从世俗的眼光看，他能够创建殷实的家业来让他的儿女亲人过上衣食无忧的日子，算得上是一个成功的男人了。我家里有德国家庭教师，我们穿着外国出产的时髦皮鞋和外套，被父亲打扮得象体面的贵族公主公子。当外面的人物来到丽江时，我父亲总是要想方设法让我们跟他们接触，他希望我们的见识不至于象丽江的普通孩子那么狭小。1928 年我还没有出生时，他就跟着罗斯福总统的两个儿子到四川秘境去找熊猫，可以看出他是一个有远大抱负的男人。他受到过史迪威将军的接见，长期担任洛克的助手，与安恩浦这样的权贵关系密切，也可以看出他是一个胆识出众的男人。30 年代的丽江大地上种满了罂粟，鲜艳的花朵铺天盖地，就象今天的山区满山遍野种植的烟叶，那是当时的人们维持基本生计的手段，父亲却没有卷入其中。他是虔诚的基督徒，而且是一个靠正当手段谋生的男人。这一切使我历来崇拜父亲，把他看作天下第一号人物。 由于头上有了父亲这片天，我的世界

彼得（宣科）五岁时与父亲宣明德（摄于 1935 年）

阳光灿烂，我觉得自己比别的孩子重要，我期望吸引所有
人的目光，我渴望成为中心，而且以为自己永远比别人优越。
这种踌躇满志的陶醉感一直保持到我腿受伤前的某一天。
那天我被制止进入某个房间，因为我的妈妈正在为我们的
家庭诞生一位新成员。我不知道什么叫生产。我以为我妈
妈会象平时那样从房间里走出来，看见我就把我抱在怀里。
后来家里来了很多人，他们神色庄严不停地忙碌，有人在
议论刚出世就死去的男孩多么可惜，产妇多么可怜……然
后她们怜惜地摸我的头顶，发出感叹，流下同情的泪水。
我就这样突然失去了母亲。这件事使我圆满的心灵有了一
个缺口，我突然就发现连父亲也不是万能的，他也有力所
不能及的地方，他无法为他的一群儿女留住他们的母亲，
这是他的失败！

　　承认父亲的失败在我内心里是一个艰难的过程。这并
不妨碍我尽情地欣赏他。我对他的崇拜并没有降低，但我
对生活多了一层不安全感，一种模糊的不信任，这使我在
观察和理解发生的任何事情时比别的孩子更有深度。人们
所说的孩童的天真在我看来并不是没有缺陷的乐观，而是
把缺陷藏起来伪装乐观。看破了真相却不说出来，把别人
蒙在鼓里。在走过整个生命历程之后，我更加坚信了我当
初的判断：乐观主义是演给人看的，悲观主义才是生命的
本质，表面上越乐观的人实际上越悲观。我把这个理论拿
来审视自己的父亲，不禁开始怀疑那个到处欢声笑语的父
亲内心里究竟在上演什么样的剧情。我留给人们的印象是
诙谐幽默乐观风趣，但很多时候我知道这不是我的真相，
真正的我多愁善感，一点风吹草动都会在内心引起长久不

能平息的波涛。这波涛在我的腿受伤后掀起了更大的波澜，我差一点就丢了命，说明我的命并不比别人值钱。我原本是完美的身体，现在却打破了它的完美，引发了亲人们致命的痛惜怜爱，他们那么爱我，甚至可以为我死，但他们却不能制止老天把悲剧突然投掷到我身上！我从此接受了生命本来残缺这样一个事实，可以说是获得了早熟。

丽江伟大的人物中，有一位姓和的先生名望最高，在民间有丽江王的美誉。他不仅学问过人，才华横溢，而且政治上大有作为，是丽江地下党的领袖和解放后第一届丽江政府的最高领导。在他的反复倡导下，云南省社会科学院在丽江设置了东巴文化的研究与保护传承机构——东巴文化研究所，这样才有了后来古城的申报世界文化遗产的成功、东巴经的完整翻译工程和最终列入世界非物质遗产的事实。回顾历史发展的历程，他的确称得上新丽江的开路人和排头兵，实在是功在千秋的人物。一天，我在云大医院门口遇到了中甸的和副州长，他说自己得了病，已经看过医生，现在准备去看那位德高望重的和先生。他含蓄地暗示我和先生的病情非常严重，已经到了最后的关头。由于我过去的身份和特殊的历史，我对领导人物的态度向来是敬而远之，怕别人以为我有利可图。现在听了对方的话，觉得不去探望会留下遗憾歉疚，回去后就约了黄尔雅一起去探望，还带了相机。

他住在高干病房里。我们神色凝重地穿行在住院部的走廊，独特的消毒水味和医生护士们毫无表情的面孔增添了肃穆压抑的气氛。偶尔有家属推着重病人前往抢救室，家属和医护人员几乎不说话，更没有人喧嚷。我们走到他所住的房间，在医生引领下进了门。

出人意料的是，他病房里居然点着香条。他垫着两个枕头躺在床上，一眼就认出了我。毕竟是一代英豪，虽然瘦得只剩下一张皮，他还是虚弱而兴奋地对我喊："上帝，你到底想起我来了！"

他叫我上帝。他这么称呼我，是因为我父亲和我都是基督徒。他喜欢展现幽默，虽然五天以后他就离开了人世，但他还是不忘记跟我开个小玩笑。

我走近他，紧张地问："你为什么点香？不安全啊。"

我看到他身边放着老式氧气瓶，那东西怕火。

他平定了一下呼吸，说："我怕鬼，我得罪的人太多了。"

我宽慰他道："不怕，你会好的，上帝会保佑。"

他一向好强，以信念坚定著称。但到了死亡的边缘，他放下了政治家的面具，显现了一个普通生命的本来面目。

他意味深长地说："烧起香，邪魔不能靠近我。就是不能。不管它有多能。"

从某种意义上说，我是他的敌人，因为我是人民民主专政的对象，我是劳改犯。但是现在，他和我是两个平等的生命，相识多年的人，仅此而已。

在短暂的虚弱后，他用剩余的全部力气打起精神，对我说："我们来照相留个纪念。"说罢拔掉了插在鼻子里的氧气管。

我大吃一惊。他已经到了生命尽头，却依然在示威。我赶紧扑上去关闭了氧气瓶。

他象猴子一样瘦。当我企图帮助他坐起来，把手垫在他的腰背上帮他使力的一刻，我摸到了清晰的骨架。

我用自己的手撑住他的身体，使他能够端坐。我知道他不能坚持多久，就催促老黄快拍。

他尽量努力使自己显得可以独坐，与此同时我在巧妙地支撑他，尽量使他显得象是独自坐着。我们都没有说话，但我们心照不宣地朝一个目标努力。我曾经怨恨过他，因为我被关了21年，他应该可以救我，或者至少为我说几句公道话，那样的话我的命运也许就不至于那么悲惨了。他呢，要是在以前，也肯定不愿意跟"敌人"合影吧？但现在，在生命的最后时刻，在尽头，他接受了我的支撑，所有横隔在我们之间的东西忽然冰释，照相机喀嚓喀嚓响着，留下了两个丽江儿子的合影。

我们的胸怀在那一刻变得无比博大。他的目光里已经没有了从前常有的锋芒，我奇怪地从中读出了许多感慨。许多鼓励。许多热情。许多善意。甚至许多歉意……

当照相机响起，我们都维护着自己的尊严，努力显现英雄本色。

无所谓输赢。每次我看到那天照的照片，都会在心里说出"人生无赢家"这句话。谁真正赢过呢？秦始皇？亚历山大？拿破仑？

一捧泥土是万物所归。

既然得到的一切最终都将被剥夺，那么，最大的赢家恰恰是最大的输家啊。

时任台湾海基金会会长辜振甫先生在聆听纳西
古乐后亲切地与乐团团长握手致意

夏威夷大学负责人颁发"访问学者"及"艺术家"称号证书

谁是我的接班人

我是纳西古乐的主持人和解说者。没有谁教过我怎样扮演这个角色，我只是凭着自己的感觉去做，就做出了现在这个模式。

这是一个只适合于我自己的模式。如果第二个人想仿效，肯定会象东施一样被天下人耻笑。

我只是在说话。你们知道我关在监狱里 21 年，那时候我不能说话，也没有人听我说话。我心里的东西压抑久了，再不转移出去就会发疯。所以我要说话，要别人听我说话。这就是交流的欲望。《孟子》里说：防民之口，甚于防川。意思是不要堵人家的口，要让人说话，就象对洪水不能堵，要疏导，否则太危险。我那么喜欢说话，是因为有那么长时间我不能说话，积累了太多的感受。一个人对生活的感受如果不说出来，就只能带进棺材，那就惨了。

有人说我是野心家，在古乐会篡权夺位，耍尽手段。公正地说，宋江也是篡了晁盖的权才把梁山的事业推向巅峰的，那是人心所向，大势所趋。我成为古乐会的掌舵人也应了这个道理。凭良心说，当时的古乐会只是一个民间组织，没有经费，没有名气，没有观众，虽然已经延续了好几代，但大家都只当它是一种修养品性的方式，没有人看到它所具有的价值与前途，所以它一直都象诗社一样惨淡经营风雨飘摇。应该说是纳西古乐选择了我，因为它知道我才是它最适合的人选。一点手段都没有，那就什么事情也做不了。我有时候也要用心计，而我最终被大家选择，是因为就算是我敌人的人也在意识深处承认只有我才能把纳西古乐变成神奇的宝贝。试问，谁能带着一群老人走南闯北征服一所又一所大学，游走一个又一个国家？谁能象我一样登上牛津大学的讲台用滚瓜烂熟的英语大放厥词？你们不喜欢我，但你们知道我的分量，知道我能做大事，所以你们投了我一票，使我取得了胜利。多方向的力相互作用的结果是产生一个合力，这个合力的方向决定着事物未来的运行方向。你们选择我，是为了让古乐出名，被世界认可。你们知道只有我有这个能耐，我代表着事物发展的方向，所以我成功了。不要以为我是吹出来的，你换个人去吹吹试试，你以为全世界的专家都是傻瓜啊？

　　我是一个很懂得科学道理的人，对生命的本质看得很透彻。我知道我会老，会在某一天再也走不动，那时候我就不能再上台跟大家说话了。怎么办？我要带徒弟。

　　第一个徒弟是师专的毕业生，一个标准的纳西姑娘。她个子很高，身材单薄，口才堪称一流。这个姑娘是蔡晓龄的得意弟子，她历来关心我的事业，就把她最满意的弟子介绍来，希望她跟着我学做事，将来能有出息。在1999年出版的《古城在玉龙雪山下》这本书中，蔡晓龄就这样

写道："我真诚地对每一个人说，你可以不喜欢宣科，但你不能否定他的成就。宣科是位文化人，这是历史对他的选择，忽视他或对他视而不见是缺乏明智的。宣科是一个文化现象，他使默默无闻的纳西古乐从民间走向世界舞台，并受到西方国家的欢迎，从而改写了无声的中国音乐史。在他的努力下，纳西古乐成为民族文化领域近年来最轰动的景观。在当代社会，在光怪陆离的生活背景下，宣科帮助人们找到回归自然的途径，让我们得以重温自然的温情和生活的明净之美。宣科已经成为丽江的一大景观和旅游资源。他深深地吸引了越来越多的游人，宣科的名字跟丽江一起享誉世界。外国人称他为纳西文化博物馆，通过他了解丽江，认识中国。纳西古乐大量保存了汉文化中早已消逝了的东西。他营造了一种氛围，让我们与古老年代之间的漫漫长雾暂时散开，从那个缺口，我们得以抚摩历史余温犹存的躯体。中国是文明古国，其中最震撼人心的是它巨大无比的历史包容感。中国的魅力不少来自它古老的气息，那是人类祖先身上的气息，无论是东方人还是西方人，都会去追寻那种气息，以这样或那样的方式与祖先见面。在历史中，人找到延续感，也找到延续的欲望。对历史毫无知觉的必然是无知的人。宣科之后，纳西古乐还会红下去，但它再也重温不了登峰造极的快乐了，它一生最美好的日子是跟宣科这个名字连在一起的。没有人能否定这一点。"

我的第一个徒弟值得我惊讶，因为她很象我！她很有主见，做事有鲜明的风格，非常自信，不但能说汉语、纳西语，还能说流利的英语。她在电台主持着一个栏目，做得很火。这个才华横溢的孩子有太多幻想，她也是一个太

容易激发别人幻想的人，一登台就使很多自我感觉不错的
外地客人产生了罗曼蒂克梦幻。这样一来，她就给自己找
了不少麻烦。她很快就发现这是一个越来越沉重的负担，
而她还年轻，对很多她不了解的领域还有探索欲，她期望
着成功，期望有所作为。她对她的女师父说，她担任不了
那么多人的精神按摩师，她也要有自己的生活，而不是扮
演众人的偶像，她喜欢走遍天下，一边走一边写书，过最
自由的生活。说到底她太年轻了，老是跟一本正经的老人
们打交道，未免对她太束缚了。就这样她告别了我们，去
寻找她想要的生活。我没有责怪她，只是感到太可惜了。

　　这以后我发现了另一个人，师专的英语教师，也是纳
西人。我第一次发现她就觉得她气质高雅，仪表端庄，很
符合纳西古乐的意境。她的乐感相当好，口才也很出色，
英语更是地道，虽然不属于美女，却善良而聪颖，有鲜明
的吸引力。她听人说话时高度专注，一笑两个深深酒窝，
其实她已经 30 多岁了。我们的纳西古乐不是时髦之作，我
们需要内涵美，需要韵味气度，我觉得她都具备了。她到
古乐会来试听了一晚上，然后就在后台等我。见面后，她
对我说："宣老师，我一直在认真观察，您没有上台前，
大多数观众在打瞌睡，他们根本没有在听音乐的内容，而
是在挨时间。一说您要登台，他们就象吃了兴奋剂，精神
马上就上来了，气氛也突然活跃起来。我冒昧地下个结论，
游客不是为了听音乐而来，他们是为了看您这个人，听您
说话。我永远不可能变成您，所以我没有信心做好这件事。"
她的话震撼了我，使我想到了蔡晓龄说过的那段话："宣
科之后，纳西古乐还会红下去，但它再也重温不了登峰造

极的快乐了，它一生最美好的日子是跟宣科这个名字连在一起的。没有人能否定这一点。"这话是我的弟子说的？她怎么能这么说？难道真让她给说中了？她就算这么想也不该说破，因为纳西古乐是我的事业，我当然希望它如江河流水滔滔不竭，我当然希望后继有人！

现在，古乐会的另一位主持人还是师专的老师，中山大学的毕业生。又是师专！我跟师专实在有太深的缘分。她是画家的女儿，从小生长在古城，非常文雅，非常敬业，对工作一丝不苟。她的英语很流利，对人很谦和，我对她很尊重。这两年，她一直在主持演出，上半场她登场，下半场我登场，观众把他们的激赏都给了我，她却没有丝毫怨言。这是一个修养很到家的孩子，我不在丽江的时候都是她挑大梁，我相信随着时光的流逝，她会越来越成熟，持续地努力下去，她一定会创出自己的风格。遗憾的是，我这里不是她的主业，现在她已经到美国深造去了，另一个师专的年轻教师马玉梅顶替了她的位置，每天勤奋工作，这样的年轻人确实不常见啊。我不知道她可以做多久，现在是双向选择，流动性很大，要找到志同道合的人，太不容易。

谁会是未来纳西古乐的名牌主持呢？说不定。人和事都在变迁，前面有什么样的风景在等待我们，谁也无法预言。我希望有一个聪明人来接替我，超越我的模式，创出自己的东西。我知道这很难，但是我更相信长江后浪推前浪，如果在我有生之年能遇到这样一个人，我愿意栽培他，扶持他，打造他。纳西古乐是我创出的名牌，我有责任把事业的舞台让给新来的人，帮助他们站住脚，长成参天大树。

谁是我的接班人

我期待着那个最终要站在我现在站着的位置上的人，我的希望都在他身上！

丽江是养老的宝地，执掌门户的人最怕别人说他们不孝顺，不好好供养老人。古乐会里的老人都是宝贝，我最怕他们的儿女因为孝顺不让他们来演出，那就对不起观众了。我这么说大家会想：你当然怕他们不来了，那样你的生意就做不下去了。你要这么想我也没办法，你还没有老，当然不知道老人的心情。人老了，虽然家里的小辈愿意供养他们，他们却不愿意白吃闲饭，能出来做点事情，变个说法，到了老还能被社会需要，有个用途，那是他们的自尊心最喜欢的，有骨气的人都是这样的心情。有的老人一段时间不来了，变得很颓丧，看着看着老了一大截，家里人看不下去了，只好又让他来了。这说明了什么？说明让老人做他们愿意做的事情，让他们顺心，那是孝顺的另一种方式啊。仅此一点就可以想象，继承弘扬民族文化遗产说起来好听，做起来难处就多了。

在丽江市一中捐建的宣科楼前留影

宣科先生在爱沙尼亚塔尔图大学讲学

过招

　　晨起，细雨绵绵，窗外景物明晰，似有轻雾穿物游走。看日历，知今天是 2009 年 7 月 2 日。

　　我穿好衣服就到了书房，在那里的卫生间洗漱。如果不出门，我整天就呆在那里，连吃饭也在那里进行。这是多年养成的习惯。

　　我的早点很简单，一杯牛奶咖啡，一块点心。点心经常只是摆设，我的"牧童"丁丁和小宝会闻香而至守侯膝前，我忍不住就把点心喂到它们嘴里，看着它们欢跃地咀嚼，感到莫名的欣慰。

　　市委领导给我带来了一位贵客，他是自兴书记的老师、中国国家宗教事务局局长、中国人民大学博士生导师叶小文先生。陪同他到来的还有云南省宗教事务局局长熊胜祥先生。

　　这样的鸿儒大家来寻求对话，显然不能草率对待。我深知对方的能量，却不知道他想聊什么样的话题。这就好像给我安排的一次考试，事先不知道要考什么内容，心里

没底。但我不能露怯，认输不是我的性格。我喜欢有挑战意味的生活。

　　叶先生先开了第一局。他一来就将了我一军。

　　"一个民族能否在世界民族之林有一席之地，在国际社会得到尊重，不仅在于有钱有势，还要有文化魅力。如何推进中华文化的回归与超越，使之为我们的民族持续地积蓄和迸发力量，来酿成文艺复兴？希望听听高见。"

　　我小时候在杨鉴勤老师的私塾里受过严格的国学教育，开蒙学千字文、三字经、古文释义，详学四书五经等古代典籍，没想到这一刻派上了用场。我开诚布公作了回答。

　　"不可否认我们的经济社会在快速发展，但从文化的角度看，最令人担忧的是信仰危机和道德缺失。我国的中年到青年这一层人在成长过程中受到了反右、文革的影响，一度造成知识断代，精神空虚，这很危险。新的一代接受的是现代化教育，对传统文化不了解，盲目崇尚西方的东西，是没有文化自觉意识的表现。中国一直有从孔孟之道以来形成的道德体系和教化途径，强调潜移默化、以理服人，礼乐是教化的重要手段。《礼记·乐记》里说，'故礼以道其志，乐以和其声，政以一其行，刑以防其奸。礼乐刑政，其极一也，所以同民心而出治道也。'我们的古人就知道，有好的音乐，群众就会归化于仁义道德；礼乐相辅相成，社会就和睦安宁。这就是中国人认可的道德教化途径，两千年来都靠它教化人民安定社会，效果相当明显。"

　　叶先生究竟是大学问家，他也马上引用《礼记·乐记》中的句子来推进交谈的深入。

　　"的确，'兴于诗，立于礼，成于乐'，我看这九个字大体就可以显现出中华民族数千年孜孜不倦的精神跋涉之轨迹。古人用礼崩乐坏形容乱世，其实，一切乱的根本原因是心乱，价值颠倒，人欲横流，它可能是社会变革和进步不得不付出的代价，也是社会变革与进步不能不克服的障碍。如果说西方历史上的文艺复兴把人从神的束缚中解放出来，之后又使人被神话、异化了的话，当今时代就呼唤着一场新的文艺复兴来把过度膨胀的人还原为和谐的人，必须去建立一个人与自然和谐、人与人和谐、人与社会和谐的新世界。在和谐社会的建设中，中华文化可能就需要一个'兴于诗，立于礼，成于乐'的回归与超越，中华民族的伟大复兴大概会伴随一个从礼崩乐坏到礼兴乐盛的过程。"

他的话与我的想法不谋而合。我立刻从反面证明他的观点。

"如果天理压不住欲望，美善战不过邪恶，就会正音顿失，邪声张扬。我认为礼乐是做心灵文章，只有扬正气，宣正声，以乐德教国子，才能使良知洞明，人心和淳，仁风广被，社会和美。德化天下，政治和善，揖让礼敬，方有太平。"

我们谈得高兴，情绪振奋，好像又回到青春少年。报纸电视多有论坛，棋逢对手，交战就惊心动魄。叶先生大大强调了音乐的教化作用，称赞其潜移默化之功。他列举了中外历史上流传深远的名曲，称它们是震撼心灵、德化天下的礼乐文化的不朽之作。他的学养修为令人佩服，跟高手对话使我感到巨大的乐趣。他兴高采烈地说："1999年江总书记到你们古乐队听音乐，鼓励你们把中国的古典

2008 年宣科指挥中央歌舞剧院交响乐团

音乐精华传遍全世界，这是多么大的荣耀与使命！这些年来，中华宗教文化交流协会也多次组织佛教音乐、道教音乐在国内外展演，中国的佛教音乐还在奥斯卡奖的发奖舞台——著名的柯达剧场演出。我们还请了中央音乐学院和深圳交响乐团合作，创作演出了首部佛教交响乐《神州和乐》，先后在东南亚、韩国巡演。我的朋友还在酝酿创作交响史诗《太和》。可是，对那些信仰缺失、道德堕落的人来说，音乐的教化根本起不了作用，你再怎么引吭高歌，对他来说只是对牛弹琴。所以，谈到中国文化回归与超越的方法途径，你有什么高见？"

此时我已经情绪高昂，无所顾忌。我大着胆子脱口而出："广言路，开教禁。我蹲过20多年监狱，后来写了篇《音乐起源于恐惧》的文章，马克思的著名观点是音乐起源于劳动，我的观点跟他不同，但这篇文章给艺术起源理论增添了一个重要观点，学术界已经承认它的价值，也给我带来了小名气。至今为止，挑战的人不少，没有人批倒我这个观点，我也没有批倒别人。可见学界一定要广开言路，才能发挥众长，态势良好。这就像用水的原理，要因势利导，不要死堵硬塞，越是堵压，积蓄的力量越大，后果不堪设想。"

叶先生点头道："我赞成广言路，也就是要充分发扬民主。民主是好东西，建设和谐社会就是要在和而不同的基础上求同存异。《国语·郑语》里说，生一无听，物一无文，味一无果，物一不讲。意思是说，独一的声音无法听，单一的事物没色彩，食物单调不能吃饱，物种单一就无法比较。广开言路，是为了纳群言，集善策，让好声音到处传扬，

让坏声音没有传播渠道。你认为呢？"

我接着他的话题说："我们国家有自己的历史传统，自己的道德标准。但是我们放弃了这些宝贝，一下子接受这家，一下子接受那家，以为只有外来的才是好的，从三民主义到新生活运动都是如此。引入国外先进思想的人们的初衷是好的，你看人家很先进，很发达，日子不错嘛，我们落后了，当然要跟上。我们以前学习苏联，但苏联搞错了。《资本论》最大的发现是找到了剩余价值。剩余价值去哪儿了？追到剥削制度那里。苏联不是去铲除剥削制度，而是杀了很多人，这就错了。我们要消灭剥削制度本身，而不是人，人是可以转变的。我们也曾经一度混乱，没有分清制度和人，走了许多弯路。"

叶先生点头道："这次来丽江感触很深。这样一个少数民族聚居的边陲之地，却保留了唐代以来中原地区的音乐与文化。汉族与少数民族的文化不断融合，历史和现代不断融合，保持了鲜活的生命力。这在一定意义上已经内在实践着中华文化的回归与超越，这才是丽江吸引世界各地不同文化背景的人们流连往返的魅力所在。"叶先生话锋一转，追问道："你刚才谈到引进西方的东西有问题，那你为什么要训练中国的农民去唱哈里路亚？"

我坦然应对。"基督教是一种普世价值，中国也有许多人信仰基督教，很多地方都有教堂，这是一个基本事实啊。"

他打断我又问："中国也有很多人信仰佛教，那佛教也是普世价值啦？"

我巧妙地绕过话锋回答说："其实佛教也是洋东西，

是印度传来的，不是我们的发明。"我还想说，佛教的教
义中也有很多有益于世界的思想，宗教也可以净化心灵，
从而净化人类生存环境，要是它毫无用处，人们早就把它
丢到垃圾堆里去了。

他微笑了。"你一边发掘传统纳西古乐，一边训练中
国农民唱哈里路亚，很有创新精神呀。我这几天在云南的
几个地方听到少数民族唱赞美诗，西音东渐，唱法规范，
令人感动，这是文化融合的一个范例。宣科的大名是从传
统文化来的，不是从基督教来的。我想，中国的文化复兴，
还是要立足于自己的本土文化，在此基础上兼收并蓄，才
能蔚为大观。民族的才是世界的，民族的更是世界的。中
华民族要保持自己的独特性，保留文化传统，把自己的特
色积极地融入世界大潮中去，才能完成崛起与复兴的伟大
使命。"

我表示同意。"我每天都在思考，不但看到了问题，
也看到了希望。"

他很感兴趣。"希望在哪里？"

我大笑道："像先生这样德高望重的人物能够来看我
宣科，跟我平起平坐讨论中华文化的回归与超越的大问题，
这就是国家的希望啊！"

小水井艺术团在宣科 80 寿辰上

侦探

　　如果要我给自己一个角色定位，我会把我叫做历史文化侦探。我不满足于做普通的学者，而是喜欢像侦探那样追踪蛛丝马迹，最终令真相大白。那样的快意可能要超过一个医生做了一个高难手术后的成就感，因为医生毕竟是在对现实的对象下手，而我却在向虚无飘渺的历史开战。我所做的研究必须有一个明确的对象，它经常纠缠我，而且我相信它一定也在困扰其他人。我在选定一个目标后，会象战士一样投入战斗，不但勇敢，还有耐心。我不会因为长时间纠缠而厌烦。一旦走上战场，如果不取得彻底胜利，我就不下火线。我可以用 6 年时间磨一篇论文，可以用 21 年来等待出头之日，我做事情只有一个原则：喜欢和必要的就坚持到底。我觉得生命很宝贵，不可能面面俱到什么都兼顾好，所以只能抓最重要的。

　　我 48 岁才获得自由，所以一直有死里逃生的感觉。劳作之余，世界上最好的去处之一是旧货堆，尤其是旧书堆，那是最值得流连的地方。课余时间我到处跑，鹤庆，剑川，喜州，大姚，中甸，德钦，想到了买张车票就走，一到新地方就钻进旧书堆。好在当时旧书非常便宜，花几十块可以买一麻袋，我欣喜若狂把它们扛回家来，又可以陶醉几个星期。幸运的是我有一个美满的家庭，妻子把家务料理得井井有条，两个孩子得到了精心照顾，我把不多的一点工资用来买书，家人从来没有怨言。作为父亲，我的教育方式跟外国人接近，不主张用威严去压制，而是把孩子当作朋友。我在家里象个大小孩，随心所欲，率性而为，没有面具也没有做作。两个孩子喜欢跟我玩，但一看到我要做正事，他们就乖觉地离开了，坚决不来打扰我。

1982年左右，我经常背着帆布包坐班车到牛街、洱源、邓川等地钻小街小巷，买到了木刻版书500本，里面居然有宋版书！我现在的一大爱好就是选一个好天气晒书。我对庭院有特别的喜好，人跟家庭、跟自然的天然融合只有在庭院中才能实现，在这方面我乐意自己动手。哪怕是在旅途中，只要发现了自己喜欢的植物，我就要买回来，再物色一个恰当的位置种植它们。现在我生活在一个占地80亩的庄园中，里面建筑不多，有一个小湖，一座音乐厅，然后就是动物植物们的天地了。大片的果园，几块管理精细的菜地，铺天盖地的花草，在其间游走嬉戏着狗群、鸽子、火鸡、猫和大量鸟类和鱼类，它们是我的伙伴，专门有人悉心照料它们的饮食。丁丁、小宝是一对兄弟，白色的北京犬；小咪喳是一只两个巴掌大的黑花小淘气狗，它们三个跟我们住在一起，可以随便出入我的书房，在地毯上伸懒腰打呼噜，分食我的一日三餐和偶尔的零食，甚至在来不及上厕所时就在地板上草草解决……如此胆大妄为是因

为它们知道我舍不得打它们，顶多挥手吓唬两下罢了。我的庄园里还有好多狗，我熟悉每一只的脾气习性，我相信它们能听懂我说的话，我也能明白它们向我表达的所有意思。我有一位保安喝醉了酒，把一只忠诚的护院狗打死了，我知道后很伤感，只好请他回家。我不希望我庄园里的任何生命遭到灾祸，既然它们来到我家，我就有义务保护它们，这是一个基本原则。

白沙细乐是纳西族历史上古老的安魂曲，是纳西古乐的一个重要组成部分。长期以来，它被认为是忽必烈离开丽江时所赠，所以叫做"别时谢礼"，"元人遗音"。我对音乐有超常直觉，一听就知道不是蒙古音乐的风格。可是，我之前那么多学者已经给了定论，我说不是，那就要拿出证据来。侦探就是寻找证据的人，我拿出的第一个证据是忽必烈根本没到过丽江，1253年他派了一个大将叫兀良合台的率兵攻打大理，而他本人却在千里之外的贵州指点江山。兀良合台的大军一路受到袭击，损兵四分之一，到了纳西人居住的巨津州却意外受到礼遇，留下了深刻好感，蒙军后来革囊渡江，也没有忽必烈本人的份。找到这个证据并不难，要读大量历史书，正史野史都要挖掘。当时与蒙古人打交道的是土酋阿宗·阿良，他那时还不姓木，后来的《木氏宦谱》详细记载了蒙古人赠送给纳西土酋的礼品，连鼻烟盒、腰带都有记载，惟独没有赠送音乐的记录。理由不难理解，蒙古大军对云南民族和地理情况都不熟，加上水土不服遭遇暗算等等，时时在最艰难的环境中跋涉，不可能带随军乐队并赠送他族。元代音乐的代表性样式是元曲，这种音乐是对唐宋戏曲音乐的继承，又称南曲和北曲，那是广大中国地域上土生土长约定俗成的东西，根本不可能加入蒙古音乐的元素。还有，既然是忽必烈所赠，那就是贵重无比的物品，只应该在喜庆庄重场合展示炫耀，怎么可能专在死者灵前演奏？如此打发一个开国皇帝，似乎与中国人的礼仪常规不相吻合。

如果你有耐心听我把话说完，你很快会发现我有能力证明古乐演奏中的一件乐器的来历。苏古笃，也就是《元史》中记载的火不斯，它的前身是伊斯兰乐器柳特琴。它到现在还采用与古波斯定弦系统几乎一致的定弦，过去演奏时在乐师和听众之间悬挂白布，可以推断它和伊斯兰文化间存在某种联系。但它的风格却是纳西族的，在旋律上多建立于小三度的音程关系，听起来缠绵悱恻，哀伤动人。白沙细乐的曲式是我们今天所谓的变奏曲的典型，用6213四音列作为素材贯穿始终。它是名副其实的合奏，有独特的配器以及非随意性和声，还有不同调性和节奏型同时进行的复调手法。我们进一步深入它，来看它的结构。第一章"笃"，这是纳西人对居住地的称呼，意思是"来丽江超度阵亡将士的灵魂"。第二章"一封书"，写战争的起因，公主写信给普米王子传达信息。第三章"三斯吉"，是一条河的名称，指战争的结果是血流成河。第四章"阿里里吉泊"是对牺牲者的祭奠与安抚，请他们回到自己的故地，不要作祟人间。第五乐章"公主哭"，是对公主的痛惜哀悼。第六乐章是东巴舞蹈的音乐，表示强烈的驱赶与威慑。这就是历史上发生过的纳西与普米之间的战争，即黑白之战，完全与蒙古族无关。最后一个问题是关于"元人遗音"，所有人都在这里卡住了。元人，当然是元朝人了，还可能

是别的什么吗？这就是习惯思维的力量。世界上的侦探如果都这么想问题，那就完了，什么都发现不了了。古代汉语中的一个普通常识告诉我们，"元"字可以通"原"字用，而且通用非常普遍，那么，元人就不是指元朝人，而是指原地土著居民，也就是纳西人，结论就这么出来了，白沙细乐是原住居民的音乐，是纳西人自己创作的安魂曲！

能当侦探的肯定是有创造力的人，而且也是能从工作中获得巨大乐趣的人。他们灵感的触须伸向四面八方，随时保持警觉，对世界上发生的一切洞察秋毫，敏锐无比地感知自己需要的东西。很多东西会引发后来的东西，比如我发现我的父亲曾经在富民县传过教，这使我能够被小水井合唱团信任，并成为他们的艺术指导，因为很多老人还模糊记得我父亲的名字和相关事情，就因为这个，他们认同我，接受我，把我看作自己人。凭着我的海外关系，我能够与哈佛大学出版社接上关系，这样才有了《中国西南古纳西王国》的问世。我注重人际交往，很多机遇就藏在这种关系中，当我需要做某件事情时，我就有很多线索可以利用，相应地也就有了做事情的具体思路。我不做事则已，一旦要做，就会全力以赴，志在必得。我的方案来得很快，虽然已经接近八十，我做事情还是很果断敏捷，敢于决策拍板，象年富力强的豪杰们一样意气风发精神抖擞。我喜欢困难。没有困难我就会疲倦，我就只好自己去寻找困难，目的是征服它。我的记忆力还没有衰退的迹象。我依然可以在想象中演奏古典大师们的杰作，只要闭上眼睛，一个交响乐团就会复活，我也一下子就回到了青年时代。所以我不会老。我曾经老过吗？我从来不相信。

再当一回小学生

宣科奖学金发放

希伯莱的奴隶们

　　一首合唱，拉威尔的作品。我心底经常回荡的一首曲子。曲子一响起，我就会回到青年时代那些永世难忘的画面中去，见到 60 年后依然每个细节都历历在目的人与事。只要我还活着，我心里的东西就不会死，哪怕是某一天我在乡间田埂上看到的一只蚂蚁弹腿时的表情，都会一丝不苟地生动浮现。我对一些词汇的理解是从音乐中获得的，比如《西伯莱的奴隶们》中的任何一个句子都会使我想到希望和波澜壮阔两个词，我看见几十万人汇聚在一起，朝着太阳升起的方向，艰难地行进，行进，行进，他们相互搀扶着，挣扎着，朝着光明，朝着前方，朝着未知的理想，金色的光焰落在他们身上，也许是朝霞，也许是晚霞，使他们身体的轮廓显现出极鲜明夸张的线条，我放纵我的想象，而我的眼睛早已湿润了，有时候甚至要擦去涌出的泪水。这时候我的心会突然热起来，达到沸腾，最终燃烧，为了世界上一切美好的事物，我不怕灼伤，不怕烧成灰烬，再被风吹散。

　　每天我都要花点时间抚摩我的革命生涯。我的眼睛闭着，或者正空洞地看着对面某只熟睡的小狗甜蜜的睡态，我就在那时走神。我命令历史复活。18 岁。云南的学生在闹革命，我们已经被军警围困在云南大学会泽楼的顶上三天三夜。380 名学生，其中一个主力队员是我。我们坚守的是一座无比坚实精良的石头宫殿，我们的下面是荷枪实弹的武装部队。早在一个月前，我们就把地质系从国外进口来做教具用的鹅卵石用蚂蚁搬家的方式转移到了大楼的三楼，手无寸铁的学生，就把这些鹅卵石当作子弹打向敌人。在一个多月的准备工作中，我们组织了弹弓队，还把地下室做化学实验用的硫酸也搬到了三楼。当我们和军警正面冲突时，为了让他们无计可施，我们把扶拦上的大条石拆下来，用电缆线扭成绳子捆住条石，像打夯一样喊着号子有节奏地砸那座旋转式木楼梯，直到把它完全砸烂。今天的会泽楼仍然是云南大学的中心与标志，2008 年 6 月底的一天，我在云南大学领导班子的陪同下再次登上了会泽楼。这座无与伦比的建筑还是原来的风貌，但已经用作了办公楼。当年那个载入史册的"七一五"进步学生运动越闹越大，210 多名军警在冲突中死伤，官方的飞机直接在顶楼上盘旋威慑，惊动了省主席卢汉。他是德国留学生，彝族。他亲自向我们喊话，许诺三个条件：不追究责任；发路费回家；下学期照常到校上课。他喊过话，就在底楼坐着抽烟等待。我们已经三天三夜不吃不喝。但他坐在楼下的样子是那么让人莫名地伤感，我想所有看到那一幕的人都被打动了，我们终于答应下楼来。

　　第二天，会泽楼的各面墙体上挂着十来条云梯。对方

木遠界調查
宣喻，雨同志，
自冰天雪地來
了他們的工作
來，而李同志
需左遠露雨
的天氣一到
造橋泾隧務
。同志們！站
平一系們在
流璨境不畏
追逐中國一點痕

下右至上影小弱。木立雉二五豆用德到秒

又喊话，让我们面朝墙壁朝下走，不要看地面。那天下午我们终于看见了食物。关押我们的八大教室里抬进了一桶桶稀饭，每10人配发一个宣威火腿罐头。他们说我们的肠胃萎缩了，需要渐渐恢复，必须少吃。吃完饭后，我们听见了上锁的声音。第二天，我们被分别送往昆明的多所看守所。我先是关在青云街三分局，后来转到宪兵十三团拘留所。两个半月后，父亲和一些知名人士将我保释出狱。

乐曲进行着，我的思绪也在飞跃。我年轻时很鬼，是民主青年同盟中的怪才，一般人做不了的事情，组织就安排我去做。我们的同班同学陇若兰是华北战区长官司令陇耀的女儿，也是民青成员。陇耀是卢汉的表亲。地下组织安排我和杨春城（女，后来任云大物理系教授）去说服陇若兰，要她去华北战场用父女情打动陇耀，争取和平解放。我们拿给她一个饭盒，里面装着两块拖拉（小金块），十块半开（龙元），还有金鸡纳霜和盘尼西林。陇若兰第二天去了锦州，说服她父亲起义。她成功了。历史的关键一笔，居然可以挥洒得如此出人意料。书写历史的人，由于置身其中，对自己的"作品"是无法欣赏的，所谓奇迹只是别人眼里的东西，对于当事人来说，只不过是生命中的一件小事而已。

那些不愿做奴隶的人们不是顺民，他们不安分。因为不安分，他们才有希望朝着理想行进，才有希望创造一个新世界。我没有吸取教训，19岁，我们一部分民青成员自愿去游击区参加革命。1949年7月17日，40多位热血沸腾的青年开始了他们的冒险生涯。我们埋伏在一个教堂内，将跟前线溃败下来的伤兵坐同一趟火车。昆明火车站，大

家按照地下党的安排入坐于指定车厢，彼此装着不认识，也不交谈，布置了统一口令。在车上，伤兵们的处境十分悲惨，情绪坏到极点，危险一触即发。我们自觉地帮助照料他们，端水送茶，搀扶效力，获得了他们的好感与信任。到了宜良火车站，保一团前来接应，每人发给一个斗笠。然后开始行军。雨水淋漓，我们在泥泞的山路上走了六七个钟头，到了山后村，集中在一个小庙里休整，烘烤衣服。那些来自显赫人家的大家闺秀们脚上起满了血泡，已经哭出声来。已经解放了的泸西县临时人民政府来了20个人，送来一甄米饭，洒上点盐巴，我们狼吞虎咽吃下肚，然后用马尾挑血泡。当时，26军（中央军）经常捕杀进步学生，我们等于在玩掉脑袋的游戏。天不亮，我们被叫醒，下一个目的地是弥勒的大麦地。当天，我们到了圭山，那里的阿细人夹道欢迎我们，晚餐很丰盛，有腊肉，男生们兴奋异常。当晚象狂欢节一样热闹，他们的大三弦跳起来是那么轰轰烈烈排山倒海，他们教我们唱《打倒四大家族》，我指挥我们的人合唱，出尽风头。第二天，圭山有几十个人护送我们前进，到了旧城的一所小学，大家都走不动了，好些人的鞋子已经走丢，血泡多得走不了路。我们不得不停下来休整。教室里的桌椅板凳拉到一起就是我们的床，没有被子，睡硬木头，思想单纯的青年人这才开始意识到革命不是一件容易的事情。下一天，我们终于到了泸西，落脚县立中学。当时正值暑假，在学校的大操场上，人民开联欢会欢迎我们。我站在八仙桌上指挥我们的人唱国际歌。突然，一列人马飞驰而至，八个威武高大的神枪手簇拥着一个皮肤黝黑的矮个子走向我们。主持人大声宣布："请庄田司令员讲话！"

这是又一个我生命中难忘的大人物。他的话语带着浓浓的广东味。"同志们，我们在共产党的领导下，拿起枪跟反动派战斗，虽然有 8 军 16 军围剿，我们的力量还是有了大发展！我们靠飞毛腿，游击战，等他们睡得甜甜的，天兵突降，我们就在被窝里解决他们。昆明来的学生们，你们知道泸西出软糖，我本来想请你们吃糖，但仔细一想，你们来参加革命不是为了来吃甜，而是为了来吃苦的，所以我就没有买糖。"多么朴素的话语。多么伟大的魄力。庄司令员后来担任了云南省军事管理委员会主任，响当当的一个大英雄，他的丰采气度令我倾倒！

记住我的话，你们对小个子要相当提防。真正的大人物往往不起眼，但他们一出场，气氛就不一样，整个世界也因他们而不一样，这就叫能量，质量。跟自然界和社会比起来，个人实在算不了什么。但有些人物却可以气吞山河扭转乾坤，只要给他一个支点，他就可以撬动历史，改变世界前进的方向，改写社会的性质时代的风貌人群的命运，他们构成了与世界较劲的力量，任何一个时代都需要这样的人，这样的力量，没有他们，人类就没戏，没趣，没劲，没意思，没前途，什么都没有了，只剩下奴隶。

旋律在流淌，红色的光焰渐渐加深，深到发黑，夜幕落下来，罩住了整个世界。

这时候，我感受到的不是恐惧寂寞，而是安详。

音乐的起源

很少有人以活着的原始音乐为标本来提出音乐起源的有力论据。原因是没有一个人能制定出一个界定原始音乐的标准，从而找出它发生的源头。

这个问题却非常地吸引我。生活经验告诉我们，真理总是最简单的。我们绕山绕水把它弄得云里雾里，最后才发现它其实就在我们身边，这样的例子太多了。不做学术研究工作的人很难理解学者们为什么肯为寻找某个结论奋斗到粉身碎骨也心甘的地步，其实很简单，因为那里面有巨大的乐趣。快乐就是最高奖赏，传世或奠定地位反而是其次的东西。

我想跟普通大众谈一谈音乐的起源问题。我们看一看云南、四川、贵州、广西、西藏等地常见的圆圈舞，人们把它叫打跳，参加舞蹈的人围成圆圈朝一个方向移动，其间穿插歌唱，这就是最初的歌舞。音乐和舞蹈从来就未曾分开过，它们是孪生的。

我在丽江找到了一个原始音乐的活标本《热美蹉》。

这种歌舞的场面很宏大，音乐由男子的呐喊感叹与女子的模仿羊叫声相融合，很难用乐谱来记录。这就是混唱。在人类历史进程中，混唱必然先于齐唱，具有多声性和无音阶音列性。与此同时，演唱形式一旦确定，就约定俗成地严格固定下来，非如此表现不可。在《热美蹉》的故乡，十几个人唱跳和上百人唱跳时的细节完全一致，男女声部的各自运行和穿插的位置丝毫没有差异，就算是最优秀的合唱团来表现恐怕都到不了这个水平。

原始音乐的创作素材源于大自然和人类的本能音。比如羊叫声，羊是人最早驯养的家畜，我自己也当过两年多牧羊人，对羊叫声的模仿可以达到乱真的地步。羊落脚的地方就是人聚居的地方，这种关系使人们自然地把羊的概念跟人群、吉祥、阳间、安居乐业、美这样一些概念结合在一起。又比如男子的呐喊吼叫，在山区生活的人都有这种吼叫的本领，在两山之间，他们用呐喊传递消息，驱赶敌人，给自己壮胆，或者用它来呼唤情人，寻找同伴和畜群。

原始人群的生存意识，包含了安全意识与不安全的意识。为了安全地生存，就要努力排除不安全因素的威胁。要排除就要驱赶，不是靠单个人的有限的力量，而是要靠群体的共同发力，比如一起喊叫。参加的人越多，威慑力就越大。这种驱赶的意识无所不在，是人类意识的最早萌芽。

原始音乐的社会功能与人类最初的生存意识相关。当同伴死亡时，他们理解不了死的意义，就以为有某种看不见的东西把人的生命吃掉了，所以要用一群男子的吼叫声来驱赶。鬼神意识的起源来自人类对自然力的恐惧和求得安全的愿望，通过《热美蹉》我们可以看出原始人类对鬼

丽江最后的大东巴和玉才（和士诚）在宣科的小阁楼

神的态度是双重矛盾的，一方面敬畏之，另一方面厌恶之。因为敬畏，所以要讨好，要奉献；因为讨厌，所以要呵斥，要驱赶。我们对一切高于自身的力量的态度不也是如此吗？

原始艺术形式往往表达全体成员的共同意志，通过类似仪式的形式把大众思维中的某些群体观念反映出来。对自然的依顺与反抗，接受与更改，都贯穿着两种相反的力：一是对自然力的认同理解，一是自身意志力的表述。人类对世界并不像动物那样被动完全地接受，而是一边接受一边修改自然赐予人类的世界，这就是创造力的显现，马克思把它叫做：人的本质力量对象化。因为无知所以快乐。因为智慧所以饱尝痛苦。安全地延续生命是一个可以延续到永远的主题，不同时代、不同文化背景、不同物质与精神条件下的人们把自己所处时代的特定内容填充其中，但承载这个主题的公式却不会被更换。

原始歌舞排斥一切乐器，因为声乐先于器乐。器乐的产生依赖于工艺的进步，声音却是人生来就有的东西。从动物界来看，动物们在求偶、守护领地、争夺权力时往往都有独特的话语方式，包括自成体系的语音和身体动作。在环型歌舞中，手是不解放的，每个人的手都与他人的手相紧握，显示人类是一个群体。对这一点的强调甚至超过了对其他一切东西的强调。这跟种群观念有关。个体存在的短暂性只有在群体存在的永恒性中才能得到拯救，所以那时侯的个体利益必须服从于群体利益，集体主义高于个人主义。

最初的音乐所伴随的舞蹈是兽迹舞步，而且一定是随顺时针方向移动。舞步不一定要落在旋律的强位或者弱位，

但步子、手、腰、臀部的动作却是整齐划一的。这种奇特的律动感只与兽类的足迹和腰身姿态相同，只是在历史的长河中经过了概括与夸张而已。世界上一些极为原始的舞蹈与歌唱和伴奏之间的节奏相互矛盾，好像两个人各走各的，互不相干。《热美蹉》中的唱跳是同一个人的脑子分成两半，一半指挥嘴唱歌，一半指挥身体做出相反于唱歌却又极为严格的节奏型舞姿；在混唱中，男女声的旋律又是两种对立的节奏型。这种感觉就象弹钢琴时的左手和右手，或者象两只手同时书写书法时的状态，它们是各行其事的。为什么是顺时针方向呢？童稚时期的人类右脑比左脑发育快，指挥左部形体的能力要明显一些。我在学生的正前方设定一个目标，让他看清楚并牢记，然后我蒙上他的眼睛让他朝目标走，结果走到了目标的左边。我试验过无数人次，次次如此结果。

最初的音乐具备宗教意识的远因与种族意识的近因，它应该是一种带有宗教色彩的活动，但不一定是仪式。他们所模仿的野兽很可能是这个部落崇拜的图腾物，或者是跟这个部落关系非常密切特殊的某种动植物。由于这种活动与信仰有关，在游戏或娱乐中掺入了严肃的成分，所以表演者对每个细节都严格遵守。富民县的小水井农民合唱团由最初到那里传教的传教士创立，已经有103年。虽然合唱团的人员换了一批又一批，到了今天，他们的演唱仍然严格地遵守着创立者的旨意，每个细节都严谨地符合欧洲古典音乐的演唱规则。是什么原因导致了这个结果？因为他们并没有意识到唱歌是一种表现自我的行为，他们唱歌只是为了赞美上帝，所以他们没有杂念，只有一尘不染的虔诚，所以他们能够使自己达到最高境界。

　　显然，音乐起源于劳动的说法也不完全合理。有人说扛木头时的嘿哟嘿哟的劳动号子是最初的节奏，那么在还不会扛木头之前呢？动物们所发出的那些表达喜怒哀乐的声音呢？它们会用符合自身表意系统的声音咏叹："滚开滚开这是我的地盘"！"我爱你希望你马上和我生儿育女"！走夜路的时候，为了显示我们的强大，我们会放声高唱或呐喊，以警告潜在的敌人不要低估我们。其实，在我们觉得没有危险或者完全可以战胜危险的时候，我们反而无动于衷，只有在虚弱的时候，我们才需要虚张声势吓唬敌人。求生存是动物的第一本能，所以，我说音乐起源于恐惧，起源于驱赶的意识，是有充分把握的，是有根据的。我这么说了，全世界都被震动了，说明我的话不是没有道理的。我在全世界几十所大学（包括最传统的牛津大学）讲这个观点，受到了热烈欢迎，可见人家给我这个讲台并不是图热闹或者好奇心所驱使，而是被我的观点所吸引或启迪。我知道很多人在说我是吹牛大王，说这话的人根本没有看过我写的学术论文，他们以为我走在街上不小心从天上掉了一个金元宝下来，刚好落在我怀里，所以我就发了。岂有此理！我被人们误读的地方很多很多，这些东西永远用不着解释，也根本解释不清楚。我认了。因为我的时间很宝贵，我舍不得花更多时间与世人费口舌。我是因为我的学术成就被世界定性为"音乐民族学家"的，你们以为我在吹牛，那好，你吹一个试试，要是也被世界承认了，我就甘拜下风，做你的学生。

越出常轨

　　我知道自己身上那种不安分的力量，它使我清醒地认识到我的一生将充满悬念，我不可能跟别人一样，甚至会太不一样。但我没有料到自己会坐 21 年牢。艺术家适当地牢狱一下，作为体验生活必不可少的仪式，自然会增加艺术家本人对生命意义的深刻体验，但把这个仪式拉得那么长，则足以把艺术家断送数回了。你能想象被反绑双臂猛地倒吊到空中的滋味吗？我们正常经历过的疼痛总是有一个区域，一个方向，一个爆发点，一个源头，它是有道理的，因而也是可以接受的。我多次被麻绳或铁丝捆绑倒吊过。用铁丝倒吊完全不同。铁丝是细东西，它的金属性质决定了它的僵硬冷酷，它不会转弯柔韧，却要承受突然袭来的那么重的人体，所以，它会变成牙齿狠命地咬！当身体一离地，疼痛就象魔怪一样咬住了全身的每个细胞并开始大嚼。铺天盖地的疼痛吞噬了你的肉体你的神经，一个男人经历了这样的洗礼，他不可能跟别人有共同之处了——我就是这样一个孤独的男人，有很多感受别人没法分享，我只能向神灵诉说。你有机会来看看我的手臂，铁丝捆绑时绽开的皮肉留下的一道道痕迹变成了永久的纪念，它根本就不可能褪去。

我本来应该水到渠成地去演绎一个英俊天才的浪漫成名之途，其间充满鲜花、掌声、美景、丽人……但是生活是个魔术家，他作了另外的安排。一闷棍打进地狱——这就是我的命运。我这么说可能会让人误以为我在炫耀痛苦，我不想炫耀痛苦，因为在那些痛苦中熔铸了我太多的精神屈辱，难道屈辱是值得炫耀的东西吗，就象乞丐炫耀别人吐在他脸上的唾沫？但是话说回来，人间真正值得炫耀的也仅有痛苦了，古往今来的男子汉不都是以承受痛苦的强度和深度作为他们自身价值的明码来标榜的吗？就凭这一点，我当然是强中之强，无人可以匹敌。痛到极致，确实没有炫耀的必要，如果一定要在嘴里喊点什么，要炫耀某种东西才叫人生的话，我愿意炫耀我身上的孩子气和幽默感，首先它们是我身上生发出来的，是真正属于我的东西，其次，那里面有巨大的智慧与勇敢，值得你花点时间去琢磨品尝。

一个被抛出正常轨道的人学会了在反常中驾御自己，我就这样形成了不守常规的风格并体会到了极大的快乐。"我就是敢说话，因为我穿了鲁迅一样的长褂"。这话是我说的，但我敢说话的原因不仅是因为鲁迅，而是我受不了虚假。那些阳奉阴违的应酬我是深恶痛绝，我们的生命本来就很有限，要再不抓紧时间说真话，那就没机会了。俗话说乐极生悲，反过来看就是悲极生乐，到顶了就看开了，不计较了，那是自然而然的结果，装是装不出来的。

富科先生与著名舞蹈家杨丽萍女士合演电影《兰陵王》

那叫什么？洒脱？超然？化境？我不知道。智慧是从苦难中开出的最绚丽的花朵，宗教的最高境界是喜乐，这话没错，真的是喜乐，因为悲已经变成了喜，沉淀为感恩的微笑，放下了一切利益得失算计，多么动人。没有负担的境界多么清白。多么美好。我喜欢停留在美好的世界。我的乐队，65岁以下的叫做青年，75岁只敢称中年。我们的宝贝老艺人不可避免要去世，每个老人家走，我都会很伤感。1997年春节，又有两位老乐手辞世，而我们还要上台演出，我心里的滋味无法形容。但到了台上我是怎么说的呢？我到那里去哭、去忧伤、去悲叹吗？不可能。"大家好！我们的古乐要完蛋了！因为象我这样的年轻人……不要笑，我才67岁，还是小娃娃——我们刚刚参加了葬礼回来。我们的乐队平均每年逝世两个人，我要很高兴地报告大家，今年的逝世指标已经用完了，他们的相片还来不及挂到墙上，相信我的话，今年没有人再有资格逝世了……"音乐声起，台下一片唏嘘。我们用音乐安慰已经辞世的队友，我们是平静的，感恩的，但观众受不了了，他们被打动了，不由得大放悲声。那一天，古乐队的形象在观众心里是崇高的，艺术不就是这样吗，不是你哭，是你要叫观众哭，他们哭了，你却冷静地面对，做着你要做的事，这就是艺术家。

吴珊是一位深爱丽江的外地人，她年轻美丽，喜欢太极拳，英语说得呱呱叫。象她这样最早注意到丽江并感受到它的独特魅力的人肯定会成为我的朋友。吴珊的武术师父是青城山武术的掌门人刘绥滨老师。由于纳西古乐与道教音乐的渊源关系，刘老师到我们纳西古乐会来探讨文化的变迁与传承问题。初见面时，我对他不是十分热情，原

因是我们都知道对方的重量,俗话说不打不相识,两个英雄最初打交道是一定要较劲一番的。其实我对刘老师的印象很好,我看得出他是真想为青城山武术做一番事业的人,后来我到了都江堰看了他的武术表演,一见之下就知道他是德才出众的武学大师,所以我决定让我的儿子拜刘大师为师父。那时候都江堰政府也在探索发展旅游的路子,而丽江和纳西古乐会却已经引起了世界的注目,他们真心想从我们这里学习一些经验,他们的心情是很迫切的。那段时间我们的关系发展得很迅速,我得到了都江堰政府的邀请前去商讨都江堰的发展大计。本来由邀请方出路费是惯例,但我提出自己承担一半路费,只为了表达我对都江堰政府和青城山武术的尊敬之情。见到主管领导后,刘大师我们几个人敞开心扉开始了交谈。领导说:"有人提建议在都江堰搞国际武术节,你们看呢?"刘大师很严肃地说:"不行。最好是派人到少林、武当、峨嵋那些有实力的地方看一看,人家几万人在那里练武,我们这里算什么,就一个青城山武术馆在那里苦苦支撑,我看条件还不成熟。"我看表态的时候到了,就大着胆子说:"其实大家的起点都差不多,如果事情做不好,只能怪政府无能。"我的话令他们很诧异,领导就问我:"怎么可以这么说呢?"我就胸有成竹地说:"少林武术曾经断代,所以当年请海灯法师回来救急,人家政府就看准了以武术带旅游,结果就把少林武术变成了全世界最大的武术,当地几万人习武,带动全球几百万人学习中华武术,为传扬中华文明作出了杰出贡献。我们青城山武术没有过断代,却不能发扬光大,这是政府的失策。"我的话使他们深受震动。后来在很多场合，我就面对记者们说："自古以来，地以人名，我们知道都江堰是因为有李冰父子，知道青城山是张道陵这个名字在起作用。但是他们已经死了几千年了，现在到处都在打造新的旅游景区，竞争这么激烈，我们不能只靠死人过日子，要推新名人。我要推刘绥滨武术大师！为什么我的儿子不学少林，不学武当，不学峨嵋，偏要学青城武术？因为青城山武术是个非常优秀的文化，刘大师是品学皆优的大师，我希望都江堰政府大力推青城山武术。"为了夯实前面打下的基础，我就对媒体说："要是都江堰政府不方便的话，我愿意帮都江堰政府做这件事，我在云南丽江有80多亩地做了个宣科庄园，我可以拿出10亩地给刘绥滨，反正我们云南丽江没有武馆，就象当时我们的祖先把青城山的洞经音乐移植到云南，成为纳西古乐一样，我们同样可把青城武术移植到云南丽江来把它变成丽江武术。我这10亩地不需要钱，不要他的租金，挣到的钱都是他的，就让他来发展青城武术。"听说在那以后，当地政府真的有了危机感，他们对刘绥滨大师说："你不能到丽江去发展，你是属于青城山的。"这就对了，我的目的就是要引起政府对地方文化的重视，对人才的重视，我也想让大家明白，做事要有远见，要有独特的思维。起步的时候谁都不怎么样，但是人家认准了，发展起来了，做强做大了，为什么我们落后了呢？那是我们的努力不够，方法不对，思路不新，不能怨天尤人，只能怪自己无能。小小丽江为什么能够成为改革开放30年全国18个典型之一？它确实有许多值得世人思考的东西。时光倒退20年，有几个人知道宣科这个名字呢？再倒退上10年，他还在个旧挖锡矿呢，正在

地底下不见天日的地方做着他顽固不化的音乐梦！那时候你们已经很好，有正经的单位，有社会地位，有幸福家庭，最关键的是你们有自由，充分的自由，而我什么都没有，在生活的最底层，只能算是一粒尘埃。我出狱时已经在个旧结婚生子，留在个旧生活也是名正言顺的事情，但是当时的政府没有看出我的价值，他们以为一个劳改犯算不了什么，不值得挽留。听说他们现在很后悔当初没留住我，他们不知道我可以做事，做惊天动地的大事，我相信我留在个旧照样可以搞出另外的名堂，是金子总会发光，这是一个真理，关键的是你必须是金子，真金不怕火炼，你知道自己是金子，就要有承担一切灾难的勇气，要在逆境中保持本色，而且还要寻找发展的机遇，这一切谈何容易！

现在的我是一个典型的顾问，我被很多地区的政府、企业、部门、单位聘请担任各种各样的顾问，我不吝惜自己的聪明才智，该"顾问"的时候决不客气。既然可以当顾问，当然要有自己的风格。你想，当古乐正把你带进古典的诗情画意，在缠绵悱恻一波三折之际，某观众的手机突然响了，这是多么令人生气的事情！我该怎么办呢？发脾气骂人？

我很惊喜地赞美道："歌剧《茶花女》选段嘛，很好听哦！"

那游客无地自容，立马关机。

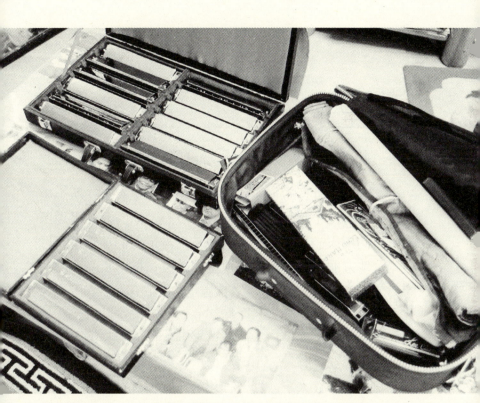

宣科先生收藏的世界各国的口琴

活埋

永宁是宁蒗县的一个乡，1940年的永宁有了一所小学校，校长的儿子宣科只比灶台高一点点，他的习性跟周围的孩子们不太一样。也许因为他来自当地人们从来没去过的"大地方丽江"，还因为他是像神灵一样尊贵的"经师的儿子"，大家总是小心翼翼捧着他，生怕有一点点闪失，孩子们跟他也有距离，不敢太亲近，也不能放肆地打闹。

然而，有一天，孩子们冲过来围住他，小脸蛋因为紧张兴奋显得红扑扑地，小嘴急促地呼吸，压低声音告诉他村里发生了一件大事。那份神秘是从来没有过的，一听之下他也紧张得几乎忘记了心跳。

宣科，也就是我，急忙问他们："你们的大人准许你们去？"他们乐了，大大咧咧地说："管他呢！"那就是说他们肯定要去了。那我呢？回去请示肯定通不过，不去可就失去了千载良机，我才不干呢。

我大着胆子跟着他们。大家叽叽喳喳在山路上边说笑边走，有人先看出了我的意图，扯了扯同伴的衣袖。

那个"老大"停下来，等我走到跟前，就横在我身前说："你回去。你跟着我们，你家校长要惩罚我们的。"

我也不示弱。"你们都是瞒着大人去的，你们敢我也敢。"他们相互看看，无可奈何。

我们一路上非常兴奋，就像去看最稀罕的电影一样急不可耐。前方有一片开阔地，那里有温泉。平时那里都是泡温泉的大人们，现在却冷冷清清，所有人都到山上看稀奇去了。温泉边上是山林，一条马帮路蜿蜒而至，又逶迤而去。

一片浓郁的松林，铺展在斜坡上，阳光热烈地拥抱着那块地方，地上开满了各式各样的野花。雨季来临时，树根下长满了各种各样的菌子，人们回家路上把它们捡起来装进空篮子，到了家里做成一道美味菜肴。每年都有人不小心错吃了毒菌，被埋到更远的大山里，还有的就埋在自家菜地里，永远看守着一方家园。

没有云，天蓝得像倒挂起来的海洋，只有无边的水，没有一只船在上面行走。阳光像万把金剑刺进树林间，亮一片暗一片，高大树木的阴影浓重地搁在身后，神灵就在其间隐身游玩，不让我们看见。远远有一些人站在树林间，好像非常忙碌。到了附近，可以看出每个人的神情都很严肃，各自忙着手里的活。一群男人把一头大牛拉到某个角落，在树上拴牢。

接下来，男人们开始往牛身上绕绳子，绕了几圈后又绕在粗壮的树身上。我们这才看出在场的有很多人，有本村的，也有外村的。

一个男人突然从树上飞落下来，落到牛背上。他落得

那么准，把我们吓了一大跳。

我目不转睛盯着那个男人，我的心突然狂跳起来。就在一刹那，他手里一把雪亮的尖刀扎进了牛脖子！

我完全呆住了。马上，一群男人从四周扑上去，用斧头砍牛脖子……

牛血在泥土上显出黑红色，象溪流一样朝低处淌。溪流不是一股，而是许多股，好像一群蛇到处游走。我一下子觉得眼花。很快，以牛为中心形成了一大片被血浸透了的土地，血腥味荡起来，让人有想吐的感觉。

我记得牛在哀叫，但我的注意力在那片迅速变化的土地上，我被那种鲜血漫流的场景迷住了心窍，一种恐惧加上快乐的奇异感受完全控制了我，那是我从来没有经历过的感觉。我没有打过仗，但是，那一下子，我就知道了血染疆场是什么滋味，什么叫豪气万丈的男人。到今天我依然承认制造流血是男人的本能。

男人们的动作那么准确，紧张有序中，牛已经剥皮开膛。女人们烧起几口大锅，准备煮肉。男人们把一整张牛皮放在最朝阳的地方，让太阳暴晒。

我们在大人们中间穿梭，却不敢捣乱，也不敢说话。我们都知道有事情的时候不能给大人惹麻烦，免得挨打。

有个男人在中间很显眼。他个子很高，坐在一棵树下喝茶。有一阵，他甚至过去指挥那些人给一个大木桶打磨，上桶箍。他没有走到他们面前，只走到离他们几十步远的地方，在那儿指挥他们。

火烧得很旺，大盆的牛肉被倒进锅里，盖上草做的锅盖。村里的人还在陆续到来，一到这儿，首先跟那个男人打招呼，然后就帮着做事。后来的人放下竹篮，里面装的全是酒罐。这是他们从家里带来送给主人家的礼物。

有小孩子悄悄告诉我，就是那个男人。他有麻风病，身上有鬼怪。

肉的香味很快传开，压住了浸血的土地上新鲜的血腥味。在山坡的最高点上，那张牛皮被小心翼翼铺开。

我的眼睛一直不离那个男人。他先是扫视一番，没有发现什么漏洞，就走到牛皮上，自觉地坐了上去。

男人的家里人围过去。乡亲们也围过去。几个女人警告我们不要离得太近，以免传染。

有人给男人递去一个烟袋。那是一个大竹筒，里面装着水。男人把烟点燃，将嘴巴埋进筒口，开始吸气。烟筒咕噜咕噜响起来。

有人开始边哭边说。我能听清楚他们在说什么。他们对男人说：对不起了，你的病已经医治了好久，已经不能好了。为了全村人的平安，你必须走。我们给你准备了办事用的一头大牛，请全村人来为你送行，你很有面子了。你不愿意连累大家，所以跟你商量的时候，你同意上路了，可见你是一个懂道理的厚道人，我们遇到你真是幸运，神灵知道你的心意也会保佑你，让你下辈子生在富人家，不愁吃不愁穿，再也不得怪病。

男人没有点头也没有摇头。他低垂着眼帘，什么都不想看的样子。我觉得他很平静，可能被病魔折磨久了，他巴不得早点解脱。长大以后我才知道，虽然决定了去死，但真的要做却实在不容易。

大家开始吃肉喝酒。每个人都吃得很多喝得很猛，用

这种办法来麻痹自己的神经。有人讲述着男人的病情，说着舍不得离去的话。旁边的人就一起安慰她。我觉得她就是男人的母亲。

有人端来一大碗肉敬给男人。还有人端来一碗酒。

男人先接过酒，几口倒干。

男人的脸突然变得通红，红得象在流血。他艰难地喘气的样子使我有点害怕。

他家里人继续哭着，一边说着安慰的话语，表面是说给男人听的，其实是说给自己听。一个人就要死了，关于他的记忆会活起来，折磨他的亲人。

男人吃了好几块肉。所有的人看着他，他每吃一块，大家都感到增添了许多安慰。

最后的一碗酒里放了鸦片。男人把它端起来。他没有再看自己的亲人，闭着眼睛把它喝干。

周围全是压抑的哭泣声。

几个男人冲上去，各自提起牛皮的一角，把男人兜起来。

男人的亲人们放声大哭，被人们连拖带拉扒拉到一边。

有人很快把牛皮缝起来，变成了一个口袋。

口袋被快速提起放进大木桶。

男人们一起动手把木桶抬到事先挖好的一个大坑里。

巫师开始诵经。人们开始朝大坑里填土。

一个女人说：要快，人死以前就要埋好，不然附在他身上的麻风鬼会跑出来害别的人。

我想起了那个牛皮口袋。缝口袋的时候那个男人还在动。他的眼皮在动。

男人的亲人们在地上打滚，边哭边说着很多道歉的话。

男人的母亲已经不能动弹。几个女人在搯她的人中，捏她的腿。我好害怕。我怕她死掉。

一个新鲜的土堆被拍打一番，弄得很结实。巫师的声音突然变大，周围一片肃静。

我意识到事情结束了。那个大男人现在已经被留在土堆里面，而且要永远留在那里。他的眼皮，没多久前还在动。

我突然想到了1937年的一天。那天，我妈妈生我弟弟，结果妈妈和弟弟一起消失了。我被告知妈妈出了远门。

这就是死。这就是夺走妈妈的所谓远门。现在死正在夺走一个男人，把他留在土堆里，不准他出来。

妈妈也是这么被夺走的吗？

我的眼泪流下来。我听见有人在感叹说我懂事。我真的懂事了，我知道什么是死了。以前我不知道，现在终于知道了。已经知道以后，想不知道都不可能了。我的脑海里，全是那个男人的样子。每天晚上，我睡着睡着突然惊叫，那个男人的样子就在眼前。我爸爸被我吓坏了，每天虔诚地祷告，为我祈福。

从那以后，我一看见坟墓心就会颤抖。我害怕我爱的每个亲人走到土堆里去，尤其怕我爸爸到里面去。

终身遗憾的是，我爸爸去的时候我不在他旁边。这是我一辈子不能原谅自己的地方！作为他唯一的儿子，我在遥远的红河州劳改，而他也在监狱中得着水肿病一天天衰弱下去，期盼着见儿子最后一面……终于不得如愿。所以，你别看我欢蹦乱跳的样子，我对荣誉其实不感兴趣，除非有一种荣誉能让我最爱的父母复活。有吗？没有。所以我再高兴也是空的，痛楚的。我不再有单纯的所谓欢乐了。因为我不再有爸爸妈妈……

有物先天地　無形本寂寥　能為萬象主　不逐四時凋

宣科同志

一九九三年秋

任继愈

甲等劳动力

我 46 岁那年的身份是留队人员。如果一个人在监狱里有杰出表现，让人看出了你有使用价值，就可能留队。留队后你享受工人待遇，但不可轻易对人说出"留队"二字，每个老百姓都知道这两个字的分量，中国的老百姓历来听话守本份怕惹麻烦，要是知道面前站着的是留队人员，也就是改头换面了的劳改犯，立马会退避三舍。

我在监狱里是难得的人才，几乎需要我做什么我都能做。我会画油画，看矿脉，吹口琴，评比的时候得了"甲等劳动力"的荣誉。这个评价很荒诞，因为我的本意是在一个象爱乐乐团那样的群体中担任指挥，我应该是"甲等脑力劳动者"才对呀。生活在跟我开玩笑，那我就一本正经地应付。"甲等劳动力"也不错，至少证明我做什么都出类拔萃，不是一般的男人。我欣然接受了这个让我感到苦涩的荣誉，因此想到了一个有荣誉的男人应该做的最重要的事情。

一个 46 岁的男人，除了社会最底层的身份，没有任何资本。留队人员的命运一般是找一个年纪跟自己差不多的离异或丧偶妇

结婚照

女凑合成一对患难夫妻，就这还需要女方有一定的开放意识，要是她计较你的身份，你就没戏。

朋友们很关心我的归宿问题。他们好心劝我稳稳当当找个"夕阳红"，广开门路给我物色对象。

我根本不听他们的安排。

周末，我到漾田去赶街。路途遥远，但我对赶街从来都兴趣十足，总是很科学地给自己买些生活必需品，自己给自己改善待遇，关键是观察世界，与人交流。人就是要这样，当全世界都不爱你的时候，你就要特别爱自己。

在路上我不停地想着我的三姐，这个全云南省最漂亮的女子。我14岁那年的一天，听见她在跟我父亲激烈地争吵。我父亲非常慈祥，从来没有骂过我们。我听见三姐的声音很尖刻，父亲的态度却苦口婆心，他耐心地插话，讲着大道理，几乎是在乞求。
父亲不同意三姐和尼玛的婚事，担心女儿会有漂泊跌宕的命运。
我的父亲其实有着比女人更绵密的心思，每个孩子都是他的救命
稻草，他紧紧抓住他们，藏在自己翅膀底下，怎么也舍不得放手。
三姐最终还是放弃了一切跟尼玛走了，后来我才知道尼玛是个大
人物，是达赖喇嘛的秘书之一。我从来没有见过达赖喇嘛，却因
为跟三姐和三姐夫的关系遭受了灭顶之灾，进了监狱断送了前途。
每次想起三姐，我心里都会有尖锐的痛楚。

　　漾田是建水境内一个有名的集镇。我是留队以后才有赶街的
权利的，所以我要珍惜机会寻找自己需要的东西。我的猎人的眼
睛和耳朵在热闹的市场上搜寻。我听见了一阵清脆伶俐的少女的
笑声。

　　我之所以还没看见人就敢确定是少女的笑声，是因为我的耳
朵会识别。少女的声音很明亮尖锐，有一种肆无忌惮的意味在里
面，那是她们无忧无虑的天性在闪光。仔细鉴别，还有捉弄人的
味道，那是因为她们天真幼稚，对生活的严酷残忍还没有体会。

　　循声望去，我发现了一群少女。我不能无理地盯着人家看，
立刻收回了自己的目光。就那么一下子，我已经确定了目标。

　　建水、个旧的女子非常漂亮，地方因她们而荣耀而有名。你
想想，在一群漂亮的姑娘中被人一下子提取出来的姑娘该有多漂
亮？汉语有个几个成语跟这种感受有关：脱颖而出、鹤立鸡群、
沉鱼落燕……

　　妇女们哄笑起来。我知道她们笑的就是我，一个看起来清秀
懂礼的小伙子出现在集市上不可能不引起她们的注意，但我装作
不知道，一本正经走过去向她们买东西。她们卖甘蔗、番茄、草
串鸡蛋。她就是那个卖鸡蛋的姑娘。草绳拴鸡蛋，提着翻山越岭

都不会散架，云南十八怪里就有这一怪。她的鸡蛋一串是十个，时价两毛钱一串。

"请问，鸡蛋怎么卖？"那时候当地没有"请问"之类的客套，都用"喂"代替了。她肯定感到很奇怪很奇怪。

"一元钱一串。"她故意喊了高价，想捉弄我。不管怎么样，这个与众不同的家伙给她制造了一种从未有过的慌乱。

我不动声色，礼貌地还价。"请问，可不可以少一点？"说话时微微屈身，一只手搁在胸前，非常标准的欧洲绅士风度。

"到半边去。"她把脸一拉，很不耐烦地驱赶我。

"到半边去"等于"一边呆着去"，这和说"滚开"没什么两样。我拿出一元钱说："我买了。"

她这回完全呆住了。

我把钱塞给她，拿起一串鸡蛋，头也不回地走开。

我身后传来姑娘们的爆笑声。有人居然在说，"是个憨包！""神经病。""书呆子。"……

下一个赶集天，我准时到了集市上。我朝她走过去，这回我不讲价，直接付一元钱拿走一串鸡蛋。我们没有说话，但我知道她心里肯定很乱。

又是赶集的日子，我还去买鸡蛋。这就是我的约会，我会非常守时。我这个人很奇怪，要是我想得到一样东西，那就没有什么可以阻挡我的意志。

终于有一次她把持不住了，主动问我："哪里来的？"

我没有隐瞒，直接说："云锡公司。"这等于跟她说我是劳改场的人。

她神色大变。也许，她已经看出我会对她纠缠不休，就想让家里人给我点颜色看看。她只有18岁，虽然聪明伶俐，生活经历却等于零。

"我哥哥说请你去家里闲。"她严肃地说。

她突然邀请我，我吃了一惊。但我不喜欢逃避，我一个堂堂正正的美男子，用不着怕任何人。但是我心里清楚，说不定那是一个圈套，他们布好了阵要教训我这种不知天高地厚的家伙。

"你家在哪里？"我认真地问。她是那么单纯，她的声音让我的灵魂变得非常柔软脆弱，这是一种什么样的感觉？

"就在后面。"她随手朝街后面一指，并不说是哪一家。

我开始一家一家巡察。

她好像是怕我走错了门被陌生人家的狗咬伤，这在云南农村是常有的事情，就追上来说："那家。"挥起手臂指给我具体位置。说完就回到了摊位上，继续卖东西。我不知道她的心思，但是我尽量往好处想，希望我是被看上了。

我勇敢地走进去，才知道进了她的圈套。

一间见惯了的空荡荡的屋子，蹲着一群吧嗒着水烟袋的男人。土掌房，没有凳子，有两个空着的草墩。一个男人指着草墩说："坐嘛。"我规矩入座，非礼勿视。

"哪里的？"

"云锡的。"

"老家在哪里？"

"丽江。"

"没听说过。"

"就是大理出去 4 天路程的地方。"

"你家靠什么吃饭？"

"做小生意，织毛袜卖。"

"我们这里的人说你们那里用酥油炒菜，用牛粪烧火，一辈

子只洗三次澡。"

"从前是。现在不是了。"

"你家日子好过不？"

"当然好过。我家很有钱。"

"什么出身？"当时中国人最在乎的就是这个。

"贵族。"

他们搞不懂我的意思。贵族？这是什么词？肯定没听说过。

我解释道："就是比地主资本家还有钱的那种人。我父亲是传教士。"

"洋奴。"一个声音果断地说。基督教传入云南后，外国人已经不罕见，云南人把给传教士当差的本地人叫洋奴。

我没有反驳。虽然我想解释一番，但是没有必要，解释了反而弄不懂。我当然不喜欢别人不尊重我父亲，但是我要娶到他们家天使般的姑娘的决心无比坚决，所以我用幽默的心态来看他们的态度，而且觉得好玩。

"你多大了？"

"46。"

"走走走。"这是下逐客令的意思。

"怎么了？"

"你不说真话。看你的样子哪里有46？你耍我们。"他们不相信，把我当成了油滑之徒。我当时很帅，看起来只有20多岁的样子。

"你们去调查，要是我说假话，随便你们处置。"

他们互相望望，交换眼神。

"工资多少？"

"我是三级工，工资四十三块六毛八。"我的口气稍微有些自豪，这个数字在当时算很起眼的收入了。

"看你才20出头，怎么会有这么高的工资？你又骗人。"

"真的嘛，不信你们去问。我喜欢她，我能让她过上好日子。要是我骗你们，随便你们处置。要是我说的是真话，请把她嫁给我。"

我不知道蹲着的人中有她的父亲，还有三个哥哥。他们以为我输定了，就真的去队部调查我。一问，全是真的。他们输了。上天让她的父亲和哥哥赌了一把，把她赌给了一个看起来很不一般的小伙子。我已经忘记了自己的年龄，一直把自己当小伙子看待。我相信他们在那时候已经看出了我的不一般，他们当然希望自家的仙女有跟其他人不一样的前途，所以才把她嫁给了一个冒险家。

我带她去革命委员会领结婚证。

她年纪太小，我社会地位低下，别人会以为她被骗子骗了。我早料到了这一点，事先就当了一回导演。我对她说："你要拉着我的手进去，做出很主动的样子。人家问你认识多久了，你就说两年，免得人家怀疑我是骗子。"

到了门口，她不走了，说害羞。我怎么说都说不动她。她太年轻，像一颗新鲜的鸡蛋，完美到了愚蠢的地步。

完了。我急得一拳砸在石头墙上，吼道："你怎么说话不算话了？你怎么是这样的人！"

我的手上满是鲜血。她吓住了，一边拿出手绢扎住我的伤口，一边急切地说："干什么嘛？我听你的就是了。"

办喜事的时候，大家拿我打趣："宣科的婚姻是用鲜血换来的！"

难道，除了音乐起源于恐惧之外，爱情也起源于恐惧？哈哈！

台湾著名小说家金庸先生和宣科先生在一起

六年磨一剑

　　1981 年，我 51 岁，职业是中学教师。丽江这个年龄段的男人基本上在准备抱孙子。早生孩子早享福是普通百姓的共识，其中福气最好的人膝下已经有了让人羡慕的孙孙，他们身上的锐气和不安分都已经还给了上苍，一个个气定神闲开始显露他们日益成熟的君子风度。都说丽江最有看头的是游荡街头飘忽无定的老太太，其实丽江的成熟男人更是一道风景，他们举止沉着，不骄不躁，风格柔韧，相貌堂堂，待人接物礼貌得体，关爱家人，你看见那些年轻时候出过远门闯过祸与人勾心斗角内心千疮百孔的男人一个个棱角尽失，一招一式全带有太极的韵味，你就不得不感叹时光磨砺一切的力量，你就得感谢那些给满世界乱跑的男人留下晚年安乐窝的女人们。

　　而我注定是要让人们说三道四的人。很是惭愧，我的儿子才跟别人的孙子年纪一般大，按大家的想法，我跟那些 20 出头的小伙子们属于一个等级，离享福还差十万八千里。我背着那个时代最常见的帆布书包，盯上了一个叫做

大东的地方。在偏僻的大山沟里，那里的人们一直保存着一个叫《热美蹉》的歌舞，我直觉地感受到它应该是"活着的音乐化石"，是罕见的原始音乐标本，弄得好的话说不定会有震惊世界的发现。我是一个好奇心特强的人，而且喜欢行动。我开始不断朝大东跑。

到大东的路基本上是在原始森林里穿行，我的行李就是一个帆布书包，装着参考书。我搭乘运货物的卡车上山。山路象蛇一样盘曲蜿蜒，车上的人常常被抛起老高，再惊险地落下来，心脏忽悠一下就不见了。每次我都呕吐得一塌糊涂，一到山上转悠几下就开始吐，翻江倒海般一直吐到目的地，连胆汁都吐出来。每次这么受罪，都想着再也不来了，结果还是不停地来，甘愿没完没了地受罪，一切都只为了写一篇论文。我没有念过大学，但是我相信自己一定能写出让世人吓一跳的论文，为此我在大东山上奔波了6年。2008年，《热美蹉》被列入国家非物质文化遗产，证明了我当初的判断是多么正确。我相信它还会被列入世界非物质文化遗产，这只是个时间问题。

我在大东做的事情在乡亲们眼里实在不可思议。每次上山我都要住上十天半月，守住东家西家的老人，专门问些希奇古怪的事情，在本子上写写画画。山区的条件很简陋，我在大家眼里又是个知识分子，但我做到了与劳动人民同吃同住同劳动，这一点就很让大家佩服。有经验的人都知道，知识分子的臭毛病就是爱干净，所以吃差点干活苦点都不成问题，要在那张不可能经常清洗被褥的床上睡下去，在陈旧的汗味熏陶下香甜入睡，那就不是一般的功夫了。原先偶尔也有人来采风什么的，但住不了多久就一去不复返了，而我来了又来，没完没了，岂不怪哉？可怕的是我还有痛风的毛病，人称超级癌症，一发起来简直痛不欲生，就这么痛苦的毛病也阻挡不了我朝大东跑的脚步。有一次发了病，我痛得死去活来，乡亲们就用石斧给我刮膝盖。我一看就说："这是新石器时代的东西，因为它被打磨过了。"乡亲们边笑边摇头，对我的迂腐哭笑不得。

《热美蹉》不是一般的歌舞，它只在死了人的时候才唱跳，所以我亲自观摩的机会并不多。一旦有了机会，我会全神贯注，根本不考虑我的作为会给别人留下什么印象。歌舞一起，几十人上百人围成大圆环朝顺时针方向移动，为了记录他们脚步移动的轨迹，我趴在地上画他们的脚步图，满头满脸是呛人的尘土，歌舞中的每个细节就是这样一丝不苟描绘在我的工作日记上的。歌唱的谱例更是难以记录，因为它是多声部民歌，男性有节奏的呐喊哼唱与女性整齐的学羊叫声相交织，有的地方根本不能记谱。我努力用我自己发明的方法把每个乐句记下来。每个乐句我都要找上百人来试唱，经过认真琢磨分析，再把最准确的乐句记录下来。这是一个烦琐冗长的工作过程，相当枯燥，很多配合我工作的乡亲都感到不耐烦，见我就躲。但我还是那么投入，对我所做的事情神魂颠倒，使大家受到了莫名的感动，那些最有耐心的人就陪我一直折腾下去。我真的感激他们。没有他们的帮助，我不可能有这么一丁点叫做成绩的东西，这个世界也不会认识一个叫做宣科的人。

世界上有很多原始歌舞标本，其实是后起的，因为不具备稳定的地理连贯性与气候适宜性，就象恐龙，在某种外界突变情况下彻底消失了。我们看到的是后来产生的东

西，却被认作原始社会的产物。《热美蹉》不一样，它是真正的活的音乐化石，我对它所作的多角度研究结果证明它的确是原始社会遗留下来的东西。1986年第四期《天津音乐学院学报》上以头版头条位置发表了我的研究论文，37000多字，附记有大量谱例和舞蹈场景图，这是对《热美蹉》最全面最深入的一次研究，也是开创性的研究。以后我在世界上多所大学讲学，我的研究成果震惊了世界引起了巨大反响，我的"音乐起源于恐惧"的学说也作为艺术起源理论的重要观点之一奠定了我在世界音乐史上的一席之位。我被称作音乐民族学家。动物最初的喊叫是为了捍卫自己领地的主权，警告敌人不要侵犯。你们看了《动物世界》就会知道，那些高亢曲折的喊叫听起来是有旋律的。你们当然也走过夜路。走夜路害怕时，你会大声唱歌，目的是告诉看不见的敌人："有个强大的家伙在这里，千万不要惹他！"明明是怕，还要逞英雄，这也是克敌制胜的技巧啊，我就从中琢磨出了音乐起源于恐惧的道理。对于那些冠冕堂皇的学院派专家而言，我只是一个游击队员，一个杂牌军，没受过高等专业教育，入不了大雅之堂。中国有那么多专家学者，他们做了一辈子学问，能在世界学术领域有一席之地的却寥寥无几。但是做学问并不像很多人想象的那么高不可及，只要你有思想，有眼光，有才气，有毅力和吃苦耐劳精神，你就能有所发现有所创造。当然，最关键的是你的学术直觉，它跟你的个人综合素质有关，不是想有就有的东西。我还想强调一点，今天的青年人上大学读研究生已经是很普遍的一件事情，但肯花6年工夫写一篇论文的人却不多见了。

　　与88岁的方于教授合影（方于是宣科先生的声乐老师，也是冼星海的法语老师，她先父为《辞海》主编。方老曾经与其丈夫一道翻译并出版法国著名作家雨果的《悲惨世界》）

广东省音乐家协会主席向宣科先生介绍广东省音乐家们

下面我想多聊一下《热美蹉》。"热"是当地民族对一种"飞魔"的称呼，这种半神半妖的角色忽善忽恶，雌雄同体，主生育，在人死后吞食尸体。民间对它的态度是既崇敬又厌恶。"美"是对妇女的称呼。当它用来修饰名词时，就有大或尊敬的意思，妇女为大是母系社会的遗风。"蹉"就是唱跳，在老百姓的观念里，这二者是一回事情，唱跳从来是一起来。在原始社会还不会修建住房的时候，每当部落里死了人，尸体的保护存放就成了一个大问题。也许尸体的损坏是野兽或者细菌所为，但原始人不懂科学知识，他们以为是"热美"吃掉了同伴的尸体。为了保护尸体不受侵害，他们围成圆圈守护尸体，同时表演一种非常热闹的唱跳形式，一边对"热美"说着奉承话，一边用恶言驱赶。说得俏皮点，歌舞的意思就是：请您滚蛋，但别生气。

至于我是不是一个名副其实的学者，有事实为证。我发表过一系列关于音乐研究的论文，每一篇都是里程碑之作，有的学校把我的论文拿来当范本，给师生讲解什么是学术论文的格式体例论证的方法途径。我是洛克那部扬名世界的大部头《中国西南古纳西王国》的主编。我是云南多个城市的政府顾问。我命名了"纳西古乐"和"香格里拉市"两大顶级品牌。我带着大研纳西古乐会征服京华闯荡世界，在几十所国外大学讲学，所到之处一片轰动。我是国内多所大学的客座教授，每年要在各地各种场所作学术报告。我在丽江长期从事国民教育工作，免费为大家开设各种讲座，甚至常常为院校学生听众承担交通费。我担任了小水井农民合唱团的艺术指导，总有一天我要把他们带到欧洲去巡演，让外国人知道中国人的美声唱法到了什么样的水平。只要我出场，翻译就无用了，我就是最好的翻译，我能把话语的神韵都给你亮出来，一点都不走样，还可以画龙点睛。我可以象贵族或外交部官员一样玩高雅，玩得天衣无缝；我也可以跟矿工谈矿石成色，条件许可还可以来一次实际操作，我不见得会输给他。我会把老师教给我的知识都拿来运用，1978 年我在街道办的排锯厂工作过，排锯车间就是我安装的，锯片共 11 片，贵阳重型机械厂出品。丽江当代第一个广告是我亲手制作的，我在我们厂所在街道上做了两个醒目的美术字："排锯"，告诉人们这里有他们需要的服务项目。我对着安装说明书操作，用吊锤解决垂直，水平尺解决水平，加上卡尺等工具，安装准确无误。我在街道办事处照壁上画麒麟，居然把歌德巴赫猜想的公式画在画面中，寄托我对科学的热烈憧憬。我还为麒麟画题诗一首："照壁麒麟画，麒麟特画意；现代化并盛，欣荣画花色。"这是一首双语诗，其意思大概表现了一个人对即将到来的新时代的预感和兴奋，大意是"在照壁上画一个麒麟，画着画着就成了形；我们把现代化建设搞成了，就过上幸福如意的生活。"把它拿给任何一个纳西人念，用纳西语音念，意思居然与汉语相同，契合得滴水不漏。我理解的学者，应该多才多艺，理论是高手，实践是能手，样样出新，处处出奇。人家叫你知识分子，那就是高看你，人家解决不了的事情，你就应该解决得漂漂亮亮。有的知识分子做死学问，生活本领几乎没有，那算什么本事？连生活都应付不了，还想应付学问，那是自欺欺人。

　　我在大东结识了许多朋友。在民间，我的生命力以另一种方式爆发出来，我感到内心有一股不可遏制的力量在升腾盘旋，把我燃烧成一堆篝火。我就是火。我就是说话的火。如果没有那 20 多年的蹉跎，我不知道我会做什么，会成为一个什么样的人。很大的可能是：我成了科学家，专门研究怎样使生命永恒。

在丽江，接受挪威国王及宋雅王后的访问演出邀请

命若琴弦

　　二胡是中国民间最流行的乐器，它造价不高，体积小，容易携带，艺人与琴为伴，走街串巷十分方便。旧时代的艺人走过街道，可以边走边演唱，沿街客栈酒楼里的听客觉得对了心情，就把几个铜板从窗户扔下来。沿途住户有修养到家的，并不扔铜板，而是走到街面上来，把铜板轻轻搁在艺人的小物什里。经常这么做，意图就是接济。当年无锡有一户杨姓人家，父子二人都喜欢听琴，为父的就经常派儿子去搁铜板。杨家的儿子叫杨荫浏，后来去国外留了学，解放后做了中国音乐研究所所长。他觉得儿时听过的那些魂牵梦绕的曲子是不可多得的艺术珍宝，就带了助手和6个人才搬得动的刻录机到无锡寻访当年的艺人。一打听，说住在城边破庙里。杨所长喜出望外，率众到了破庙门口，虔诚称"华先生……"阿炳当时已双目失明，一辈子没被人称过先生，当场就不免动容。杨所长说起儿时种种，知道还有接济的缘分，阿炳的顾虑更是打消了许多。杨所长请求为阿炳录音，阿炳却连连摇头不允。旧时的中

国人最怕照相和录音，他们认为把自己的影像和声音从肉体上单独分离出去会丢失魂魄，阿炳也不例外。杨所长看到阿炳当时身体情况已经不妙，抢救文化瑰宝迫在眉睫，不得不设计让阿炳就范。他们把庞大的机器放在庙外，麦克风偷置于室内，由杨所长出面请阿炳演奏。因为身体虚弱，阿炳的琴好久没动过了，听起来浑厚粗糙。乐器就是这样，好久不动就会枯燥生涩，就没有了生命的灵气。阿炳操琴在手，回光返照一般拉了很多曲，其中有支曲子是杨所长小时候听过并特别喜欢的，问曲子的名字，阿炳说没名字，就叫过街调。不可思议，杨所长回到北京，阿炳就过世了。

杨所长把抢救来的宝贝向书记汇报。书记一听，叫好不迭，请大家给那支特别好听的曲子起个名字。有人说叫《梁祝》，意境也对得上，但书记不满意。书记问无锡有无风景名胜，回答是城边有二泉，立于二泉之间看月亮倒影，左一月，右一月，得拥双月，故名"二泉映月"。书记大喜，说《二泉映月》再恰当不过，就这么定了！所以，中国最著名的二胡曲《二泉映月》，直到1953年才定名。让人诧异的是，阿炳一生演奏这支曲子，一旦录了音，人就去了，难道阿炳的命运就是为这支曲子而生而死？

世上最高的精神桂冠应该是音乐的。战国时期的公孙离子在《乐记》中把声音分成声、音、乐三个层次：万物发声为自然之音，禽兽对此也有分辨能力；音来源于声，是从声中提炼出来的符合一定频率的声音，只有人类才有这种提炼能力；音的组合运动形成乐，只有君子才能欣赏并运用它，叫做"审乐以知政"，就如同诗经时代的"兴、观、群、怨"。在所有艺术形式中，音乐是抽象性最高的一种。

你看《二泉映月》的命题，你把这个主题给予它，它就是这个样子；你把另一个主题给予它，它就变成了另一个样子。换句话说，音乐给了人类最大的想象空间，在音乐中，你可以无限驰骋，不受任何限制。我们说的自由，只存在于音乐中。

学习音乐需要智慧。其实智慧是两样东西：智是技术的范畴，通过练习可以掌握，俗话说"熟能生巧"，只要是正常人，肯下工夫，迟早都可以达到；慧是悟性，领悟能力，慧根，灵性，洞察力，感受力，理解力，表达力，人的内在精神世界就在这些节点上千差万别。天才和疯子只差一步，到越格处了，都以为他要越轨，却在最后那个点上戛然而止，这就是分寸感。

现在我要讲述一个石头砌成的碉堡。它的底层是一间没有窗户的地下室，它就是劳改营的禁闭室，是专门用来关押重要犯人的。从那里面出来的犯人，眼睛都废掉了。它的铁门上有 46 个黄豆大的通气孔，其中有三个可以看见远处的山峦。里面一片漆黑，无法知晓时间的流程。设想一下，你在里面可以呆多久？

我呆了 200 多天。

在 200 多个夜以继日的黑暗日子里，唯一的生活用具是一只口缸。吃饭时它是餐具，吃了饭它就充当水壶水杯。每次我把口缸递出去，监管员会帮我洗净，装上满满一缸开水。这就是我一天的用水。我只喝三分之一，剩下三分之二放到第二天清晨，把手巾浸湿了使劲擦全身，直到擦得发红发热为止。缸里还剩一些水，把它浇在头顶，从头凉到脚心。然后把身体擦干，盘腿静坐两个小时。

　　我以吃饭时间为尺度，很快制订了生活日程表。

　　每天两次静坐，锻炼毅力和耐心，全面疏通血脉，激活脏器功能。你知道人家把你放到那里面就是为了叫你死，你不想死不愿死，就得拿出劲头来跟困难作斗争，你不能输，你非赢不可。我一生不向任何东西认输，就是那时候练出来的功夫。

　　清晨用那么一点点水洗"冷水浴"，从不放弃这种"奢侈享受"。我不允许自己衰弱，我有世界上最健美的胸大肌，这么美的东西不能白白糟蹋了，要保持就必须锻炼。我想说不定哪天我就出去了，我要把才貌出众的自己作为礼物献给心爱的姑娘。

1949年时的昆明演出队（二排左一手持提琴者为宣科先生）

难产的时代

上个世纪……这么说让人觉得好像隔了好久好久，灰尘味都闻到了。1986 年，丽江还是一个不为人知的小地方。福慧路只是一条小巷，到今天的区政府那里就隐入了田园。二门诊在今天市医院的位置，孤零零的一个单位，病人要吃饭都没地方买，得跑到新大街去才有饭馆。机关里就那么些人，个个都是熟人，谁身上发生点事，没过中午就传遍了全城。所谓城，也就是今天的古城稍微扩大点地盘，北到黑龙潭，南到忠义市场，西到市医院，东到北门坡，其它地方都是良田村落。那时丽江不叫市，叫做地区，管着四个县。单位上的孩子们放了学就在田埂上割猪草兔子草，在垃圾堆上拾煤渣。每逢农民刚收了庄稼，孩子们就在地里拣蚕豆粒或麦穗，带回家炒了吃。那时丽江没有特别出名的人，虽然有不少在外地的丽江人都很有成就，但地方不出名，光那几个人也折腾不出什么名堂来。单位上的人跟农村人相比，区别是单位上的人更穷。农村的人有土地，养猪养鸡，一年到头都有肉吃，单位上的人就只能

一个月吃两回肉。那么一个时代，谁也不比谁富裕多少，不能说衣食无忧，准确地说叫做衣食稍忧，稍稍有那么一点儿忧，这跟全国比起来已经很不错了。

丽江一直是文化人活跃的地方，这是它的传统特色。文化人聚在一起，当然要较劲。1986 年 10 月，正好县政协开会，文化人坐了一桌。我那时刚刚接到天津音乐学院学报的论文录用通知，你想想我在监狱里关了 21 年，出来后没日没夜地劳作才折腾出了那篇三万多字的论文，终于要被承认了，那是什么样的心情！我这个人喜欢说话，我就把这事说出来了，说话时的口气肯定是很得意的，我不会在乎大家怎么想。

过了几天，却突然收到了天津音乐学院的加急电报，内容让人大吃一惊。对方不仅通知我论文不能发表了，还把另外一封电报原文发给了我。那封电报是这么写的：

"贵报编辑部，丽江宣科论文暂不宜发表，一切事宜速与宣科联系。丽江。"

有人居然给天津音乐学院学报发去电报，以丽江的名义阻挠论文的发表！

当时我正在麻烦中。我翻译过顾彼德《被遗忘的王国》中的七章，在《玉龙山》杂志连载，结果有人给省委写信，说我翻译的文章有侮辱劳动妇女的内容。省里派出调查小组来到丽江传呼我，我到了他们住的丽江宾馆对事情进行了解释。那是原作中一段关于女店主谋财害命的描写。一个美丽能干的女人接待了一个衣锦还乡的军官，为他准备了丰盛的酒席。第二天早上，人们发现军官死在客房里，却没有人能提供女主人谋财害命的证据。这样的事情在法治不健全的年代应该时有发生，而且会变成民间故事的最理想素材。我解释道，任何时代任何人群中都有不幸的事情发生，善与恶是人类生活的两极，最美好的国家里也有坏人。调查组的人认为我的话不无道理，就不准备继续追究了，当时的市委书记亲自主持召开了一个座谈会对此事作了说明才算了事。那边的风波还没有完全平息，这边的风波却更加汹涌，看来我真是命中多事之人，想躲都躲不掉啊。

我找到地区统战部部长，把情况作了汇报。他听了以后很气愤，表示要查到底。

他带我到了公安处把情况跟郭处长说了。郭处长很懂行，叫来了李科长，请他去邮局查。李科长骑着摩托车跑了一趟，很快就带回了结果：有两个文化人发了电报，时间地点和真实姓名都留在邮局的业务记录上，证据确凿。于是，由统战部出面又组织了一个座谈会，把文化人包括那两个发电报的人一起请来了。领导当众批评了这种不良风气，表示要发电报给音乐学院，感谢人家宣传我们丽江的文化，对匿名电报事件说明真相并道歉。电文当场起草，请公安人员去邮局发报，马上寄出，将收据带到现场。这以后，论文终于在 12 月份如期刊出，这就是那个"音乐起源于恐惧"的著名学说问世的最初情形。

在今天的人们看来，这一切好像难以理解，但真实的情况就是这样。20 世纪 90 年代初，荷兰的一个著名导演经过很繁复的努力来到丽江找到我，给我看了几份很正规的文本，提出要拍一部电影，就以我为主人公。这件事通过外交程序准备了近两年，摄制组终于再次到达丽江。但是，

事情的进展很难。首先是因为我的身份。我进过监狱，这是一个很敏感的问题，把一个劳改释放人员作为一部外国拍摄的电影的主人公，这让当时的政府很觉为难。这样一个人，能作为民族文化的代表吗？是否会有损国家的形象？在当时，无论官方还是民间，有这样的顾虑，也在情理之中。

后来，电影还是拍了，一个很有内涵的记录片。结论不言自明：没有在国内放映。

1995 年宣科先生在给音乐家作"音乐源于恐惧论"小型报告会

古乐会成员出访瑞士

七个 W

　　大家都觉得我的论文写得出色，一点也不奇怪。做什么事都有窍门，现在我要把写论文的窍门教给青年学生，你们只要照着试一试，绝对大有收获。

　　研究必须针对问题来进行，所以，最关键的是发现问题。能发现问题要有两个前提，一是观察能力的具备，再就是思考问题的习惯。有的人不喜欢动脑子，对什么都不感兴趣，那是做不好学问的。一群人到同一片风景区去游玩，回来叫他们写作文，有的人观察很细致，一草一木都有感触，有的就不行，没东西可写，几句话就说完了，这就是区别。有一个诗人和一个作家走进一个咖啡馆，没过几分钟，诗人问作家："角落里的那对男女是什么关系？"作家说："他们是长期的情人，但最近刚刚分手。"看出是情人，需要很多细节来作证据，这不难理解。但他是怎么看出刚刚分手的呢？这就深奥了。其实这不仅是能力的区别，也是生命质量的区别。吃饭穿衣的内容大家都差不多，更大的区别在于精神生活的差异。

　　写论文最重要的是解决 7 个 W。以《白沙细乐探源》为例，第一个 W，What，要直指主题，不要形容词和副词，一个字都不能多，不能修饰，直接说明白最关键。首先你要确立问题，抓住它，围绕它去思考。《白沙细乐探源》，非常简洁直白。你要干什么，大家一看就明了。第二个 W，Who，谁？什么人？他们是代表你要研究的问题的直接对象，必须弄清楚来龙去脉，为他们的所作所为寻找合理依据。过去有"别时谢礼"、"元人遗音"之说，这音乐真是忽必烈所赠吗？如果是，证据在哪里？如果不是，那么它是谁作的？证据又是什么？接下来是 When，意思是什么时候，是一个关于时间的问题。你要找到它在时间上的上限和下限，划定时间范围，要有具体数据。它是元朝的，忽必烈什么时候南下？什么时候建都？什么时候灭亡？他到过丽江没有？纳西土酋的姓氏是怎么来的？那时候丽江和内地的音乐面貌大致如何？你先要搞清楚这些相关问题。然后是 Where，也就是事件发生的地点，在哪里，是关于空间的问题。音乐流传于丽江的哪些区域？跟哪个历史事实有关？那个历史事实发生的地点在哪里？记载于什么地方？你要一一回答。你自己设计问题自己回答，你要站到对立面的立场，把可能遇到的提问都预先想到。在论证过程中，使用鲜活材料很重要。今天的东欧国家普遍唱的一种催眠曲只有几个字，反复唱，意思是"快睡着，成吉思汗来了……"它是当年成吉思汗大军横扫东欧的一个鲜明历史例证，就象我们哄孩子睡觉时说的"狼来了，老虎来了"一样，用令人恐惧的物象来达到威慑的目的，同时显示了历史的遗痕。第五个是 How，怎么样了？你就要把白

沙细乐一点一点揭开，剖析，它的哪个部分怎么样，一一道来。文献资料、乐器史、与其相关的战争描述，只要有用的你就拿来用，尽量使你的内容丰满，无懈可击。下面是 Why，为什么？这就麻烦了。要设计一连串的追问，一个紧接一个，同时展现你的观点见解，思想的锋芒，才华的光焰，就在这个过程里发射出来。论据越充分越好，论证过程越科学越好。论文不是文学作品，它需要科学严谨的体貌特征，端庄的格式，我写热美蹉的研究用了 6 年，这期间我读过上千万字的资料，从丽江跑到昆明，每天泡在图书馆，中午一碗牛肉汤一碗饭就打发了，天天如此。为了研究需要，我请三姐给我收集了十多个国家原始演唱的录音资料，用于对比研究。我所得到的认可比起我所花费的工夫来，实在只是九牛一毛。最后一个是 Which，就是给它分类，判断，作结论，定性，给问题一个归属。虽然它只是结尾的工作，却显示了一个人的学问功底的深浅，学术视野的大小，学术品质的高低，前面的一切都是铺垫，这时候才见出真本事。加工也是必须的程序。要把分论点拿来相互比较，形成互证关系。在比较中，把不必要或重复论证的段落果断割掉，一句多余的话都不留，要狠心下手，决不留情。

一篇浸透心血的论文写成了，问题还会出来。当年，我花了 6 年心血写出的论文发表后，人们并不认为它多么重要，因为它跟人们的日常生活没有多大关系。我那时花钱复印了很多份，送给认识的人看，到处呼吁，到处送论文，人家对此只是礼貌地敷衍一下，根本不看。这就是做学问的悲哀。我们创造世界是在懂得了死亡的必然性的基

础上进行的，做学问也是一样。我的论文发表后，很快在
国内外引起了反响，我已经够幸运的了。很多学者研究了
一辈子，几乎不为人们所知，也没有留下一个重要的观点，
照样是一辈子。原因有多个，其中一个是缺乏独到的发现。
后来者一定要避免。

　　论文中的实证也需要花费大量精力。为了试验某些音
节到底送气不送气，气流强到什么程度，我寻找不同的对象，
让他们对着蜡烛发那个音，再仔细观察火焰的反应。为了
研究舞者的步伐，我可以当众卧倒在地上边画图边吃灰尘。
科学来不得丝毫虚假，你必须对每个细节负责。有的学者
为了捍卫自己的观点可以献出生命。没有这种精神的支撑，
你就做不好学问，更不可能出众。

　　20 世纪 20 年代初到 40 年代末，一个外国人徘徊在中
国西部最原始蛮荒的地区，从事科学研究达 27 年。他的基
地建在云南丽江玉龙雪山下的雪嵩村，现在很多人习惯把
它叫洛克村。西方的文化习惯是尊重个人劳动，所以，一
个植物品种如果挂了说明牌，正面会写着植物的名称，反
面则写着发现者的名字。有 2000 多种植物的说明牌反面写
着洛克这个名字，可见他的功劳之巨。仅仅在 1928 年，他
就两次从西北带回采集制作的 2000 个植物标本和 700 个飞
禽标本，由此可以推测他的工作有多么繁重。我先是发现
了他的大作《中国西南古纳西王国》的外文版，是哈佛大
学出版社出版的，我收藏了这本极有价值的巨著。当我明
白了我小时候在家里经常看见的那个大个子老外就是这本
巨著的作者时，我决心为他做一些事情。文革期间，云南
大学的一群学者为了给学术批判提供反面教材，集体翻译

了《中国西南古纳西王国》，执笔者是刘中岳，此人曾经是省主席卢汉的英文秘书。当时洛克被当作文化间谍，被说成是西方文化侵略的代表，在国人眼中是个反面人物。因为政治原因，当时的翻译有很多附庸时政的地方，歪曲与贬低的色彩无所不在。1998年，我们去北京演出，专家们一致认为这本著作应该重新翻译，并热烈怂恿我来主持此事。我有极好的口才，家族与洛克曾有密切往来，我本人小时候跟洛克有过接触，我从小到中学毕业一直读的是教会学校，英语学得非常地道，另外我是一个有很多海外关系的人，我交往的人非常广泛，加上纳西古乐的出名和我在学术领域取得的成功，我被选作了该书的主编。本来这本书的版费是5000美元，我跟哈佛那边反复谈，最终他们同意以500美元敲定。我们马上行动，由彭晓牵头，组织了很多学者来翻译，翻译稿堆了满满一乒乓球桌。我担任该书主编，是写在出版合同中的条款之一，我虽然不是学院派，但我的学术功底完全是学院派的路子，选择主编的时候，人家考虑的是学术实力，是综合实力，是学术影响力，所以，在编委会中，我的地位高过了其他学者。这并不等于说我的水平就一定比别人高，我想说的是另一个意思。现在的社会风气不怎么好，年轻人想出人头地是理所当然的事情，但他们往往把社会看偏了，不走正道，热衷于歪门邪道不正之风，拉关系走捷径，不肯吃大苦耐大劳，他们已经不相信学者的学术良知，这很可怕！其实大多数学者都是正直的知识分子，虽然他们看起来很高傲，不可亲近，讲师门出处，计较细节，但只要他们发现你真有水平，就一定会向你敞开大门，因为他们最爱的是真理，这就是一个学者的学术良知。当年我的第一篇论文要出版，我什么名气也没有，甚至没有上过大学，但那些学者发现了论文的闪光点，他们非常激动，大力帮助论文发表，把它放在了权威学术期刊的头版头条，让它占了三万多字的篇幅，这是多么崇高的作为！

今天的我已经有了一大堆学术头衔，但我同样在以高度的专注注视着视野内的年轻人，决不轻易放过一个。一旦发现有才华的青年，我就不遗余力地支持他帮助他，为他扫清前进的道路，这是老一辈学者该为下一代做的事，也是一个人的学术良知指引他必须做的事。位越高，权越重，越怕缺德。每个人都应该牢记。

寿辰上神采奕奕的宣科

千难一易

千难一易。

这四个字是李可染先生题赠于我的，它有绕梁不去的力量，时时在我的意识世界里沉浮。今天被世人厚爱的纳西古乐，从前只是知识分子闲暇时相互交际的一种娱乐工具，按本地话说，就是"玩意"，其中某些曲子甚至只在白事的场合才演奏，用于渲染气氛，并没有特别的听众来注意它们。上个世纪40年代，一个叫做顾彼德的白俄贵族后裔受国际援华组织派遣，来到边远的丽江扶持当地贫困人民组建手工业合作社，一直在这里住到1949年。这个独行侠用不着担心生活来源，很快就和当地人民打成了一片。在他那部被世人广泛传诵的《被遗忘的王国》里，有大量篇幅写到了他对纳西音乐的偏爱激赏。其实这很容易理解，他幼年就是贵族沙龙的小主人，有深厚的音乐修养，后来由于政治原因带着母亲颠沛流离，最终落脚中国。母亲死后，这个孤独的才子就只能在中国的寺庙修行中求得心灵的寄托，这样一个人很容易在丽江纳西人的音乐中找到深深的

精神慰籍。我看到他的英文著作时，被其中流畅优美的述说所打动，更通过他的描述唤起了对从小熏陶我成长的丽江民间音乐的记忆与研究的热情。我沉浸在原作的意境里，坐下来专心翻译。

顾彼德兴致勃勃地介绍乐队、乐器和乐师，对这种东方风格的仪仗队惊叹不已。"乐师们身着长袍马褂，缓步就座，他们的美髯表现出一种温文尔雅的古之遗风。我认为其中一位担任指挥。他们看谱或经文演奏。通常由笛子领奏，尔后，一个个进入合奏……听哪！那抑扬顿挫的节奏和韵味是如此激励人心，如此地威严。那面大锣敲响了！那是乐曲章节之结束并预示将出现高潮。哎呀呀！我有生以来从未听到过如此深沉、辉煌、却有那么柔和悦耳的锣声啊。随着它的声浪，整座屋宇像是摇晃起来。接着，乐师们肃然起立，其中一最长者用天然嗓子唱起了一段神圣的咏叹调……忽然，音乐以意想不到的美妙旋律倾泻而下，仿佛那从玉屏落下的水帘；当音乐跟着一个小金碰铃的叮咚之声渐渐远去时，又像是纳西称之为玉湖的水中，掉进粒粒钻石，泛起了阵阵涟漪……最后，乐曲在一个终止式上结束。"顾彼德在享受精神的狂欢，一个人的狂欢。几十年之后，游客们涌进丽江，很多人就怀着他那样的隐痛，在丽江音乐的抚慰下体验精神复苏的狂欢，在那种天籁洗礼般的感动下重新找回生命的庄严与神圣。每天晚上，我放下案头工作，出现在古乐演奏的现场，象他所描绘的那样，长袍马褂，朴素无华；我看人哭，听人笑，答人问，解人疑，无论你是显贵还是白丁，我平等地伺奉你们，安慰你们，我有办法让你转危为安，让你心花怒放，让你当下顿悟，让你身心俱化飘飘欲仙……这不是我的功劳，这是纳西古乐的功劳，它的教化作用，它的德育功能。礼乐治邦，礼是规则，级别，框框套套；乐是文化，意识形态；君子之乐，可以引领社会意识形态朝高尚的境界迈进，把伟大的情操反馈给大众，所以，好音乐流行，大众就会有好的人生目标，精神就会净化，意识就会丰满，生活就会充实，一切就会充满生机，社会就会和谐发展。乐为同，礼为异，要有区分，也要允许存异，同使人相亲，异使人相敬，乐太多了就沦落下流，礼太多了会使人心离背。我说话是有根据的，上面说的是两千多年前《乐记》的内容，古人在那个时候就有这么杰出的思想观念，我们要知道，人类最伟大的创造物是思想。我为什么反对一有点东西就出专辑出专著，为什么打击那些流行歌星，结论不言自明。我没有想跟某个具体的人过不去的意思，更不会嫉妒别人发财，你赚得越多越好，反正你用不完，最终还是社会的财富。盖茨是世界首富，人家什么都不给儿女留，把财富全都馈赠给世界，让后代自立自强，那是很高的境界，很大的快乐。最大的快乐不是拿进来，而是给出去，不到那个境界你体会不到。

　　我已经到了 79 岁的高龄，时间是一个魔术师，年纪真的是一种资本，就象皱纹，还有机体功能，一岁就是一岁，不能作弊，不能投机取巧。到了这个年纪，再回头去看万事万物，一切都清澈见底，明察秋毫。我跟地位很显赫的文化人打官司，人家败给我了，坦荡荡地去银行支付法定的赔偿费用，很有气质。我们彼此明了对方的实力，没有攻击谩骂，打输了就赔钱，这就是男人之间的较量，没什么了不起。其实输赢不值得认真计较，人生无赢家，赢得

再多，最后还是输出去，赢得越多的人最后输得越多，什么都没有的人反而无所谓输赢，这就是生命的真谛。

20世纪80年代初，大研纳西古乐会是丽江唯一的一支民间乐队，参加者大多是老人，大家在节日聚一聚，一起演奏一番，切磋琴艺，消遣而已，会个餐还要大家凑份子，演奏者自娱自乐，没有几个人有闲心听。其实，还要比那时候早，我就在琢磨纳西古乐的问题，从顾彼德的散文里我看到了这种音乐的特殊价值。纳西古乐的成分，主要是汉族已经遗失的宫廷士林礼乐，我也担心过叫它纳西古乐会引起争议。最终我打消了顾虑，因为我对文化二字的意义有了最本质的领悟。文化一词，重在化字，文化是一条流动不息的长河，不停地演化变迁。乾隆55年，徽商为了讨好皇帝，出巨资把四大徽班原班人马加上行头送进北京献艺，路行两月余，晋京祝寿。龙颜大悦，戏班流连数月，后来从西方来的胡商特别喜欢这种艺术，出资让戏班多留些时日。权贵仿效邀请戏班到家中演出，形成风气，演化为唱堂会，戏班再也走不掉了。后来戏班从湖北弋阳请来唱汉调的师傅，教发声诀窍，将二者结合起来，创出了京剧这种形式。严格说来，京剧不是北京的东西，但你能不准它叫京剧吗？旗袍原是满族的服饰，几百年来，有身份有地位的妇女以它作为礼服，全国仿效，成为中国妇女的标准服饰。我们能说旗袍不是中国文化的符号吗？既然如此，丽江的古乐叫做纳西古乐难道不是顺理成章的事情？

如果你一不小心拥有了稀世珍宝，你会更加痛苦，因为要世人承认你拥有的东西的价值简直比登天还难。你要使一家之说成为共识，你就要战胜习惯势力世俗观念，你孤军奋战寡不敌众，到处是不以为然的表情，怀疑的面孔，讥讽的话语，嘲弄的眼神，你不知道有什么等待着你，你不知道会在哪个细节上彻底崩溃，你不知道哪一天是你的末日，在正常人看来，你是傻瓜，疯子，神经病，你不务正业，你心猿意马，你颠三倒四，你痴人说梦，你误入歧途，你不可救药！你就要在这样的情景中坚持，因为真理在你手上，你不仅要相信它，还要使它发扬光大，那是使命在召唤。那时候，我和家人走在街上，只要看见一个熟人，我就会丢开家人上去对人家说："来听我们的音乐吧，那是国宝级的东西！"人家很客气地说："一定来一定来，下次通知我，我忘性大。"到了下次，人家还是不来。但我不泄气，我还有机会遇到你，一遇到你我就说我说过的话，说了一次再说一次，次次遇到你都说这个话题，次数多了，你听得不好意思了，只好来。来了就好，我不计较你架子大，来了就是好同志，我有传教士的耐心和献身精神，我有的是精力跟你耗，直到胜利为止。那时丽江街头不时会有三三两两的外国人，只要看见他们，我的劲头就更大，我会冲上去跟人家打招呼，我纯正地道的英语使他们非常惊讶，同时也非常有亲和力，我就这么站在街上给人家讲丽江的文化，亲朋好友从身边经过，我都顾不上跟他们寒暄。我最早时候的听众就是这么争取来的。你要知道日积月累的力量，滴水穿石，细流成河，时间长了，影响慢慢就扩散开来，西方的报刊上就开始时时出现丽江和宣科这两个词语，于是就不断有人来丽江找我，我就在我的三层小楼上悉心接待他们，跟他们聊丽江，聊西方文化，我这方面的积累很丰富，不怕被人考倒。那

时候我活得精神头多足啊！我多么努力啊！多么刻苦啊！
多么难啊！

不知不觉间，人家就叫我"丽江博物馆"了，还有人
叫我"云南名片"了。纳西古乐被世界认可了，外国人说
宣科是云南的名片，世界名人，古乐会也公司化了，我成
了董事长兼总经理。古乐会公司化得罪了不少人，但是我
知道，民间游击队式的松散组织已经不抵用了，这是市场
经济的时代，我们必须与国际接轨，有严格的组织纪律，
奖惩分明，提高战斗力，我要用制度来管人，而不是靠友
谊与人情来笼络人包庇人。你别看我一出手就赞助100万，
我个人的生活却简单得很，早上一杯咖啡加奶、一个当地
产的小饼就算美餐；中午晚上吃点酸菜炒土豆、时鲜蔬菜
就满足得很了。我家里人的饭食常常比不上员工们的丰盛，
我乐意让大家吃好喝好，大家需要我，那就是我的价值，
没有价值的人生是行尸走肉。

现在要说那个"易"字。功夫到家了，时间熬够了，
瓜熟蒂落了，一下子就通顺了，就象一个作者突然成了
文豪，他在手纸上乱涂的几个字都会被奉为珍宝，可以
卖大价钱，可以进博物馆。但是你知道他当初有多难吗？
他的那些杰作不但卖不了钱，他甚至连饭都吃不上！

我们忍受千难，只是为了达到一易。真到了易的境界，
多没意思。孙悟空一行最终成了佛，大家以为81难以后问
题终于彻底解决了，万事大吉了。真是那样吗？我看不见得。
作者不是一般的作者，那是大家伙。他扔给我们一个新问题：
功成名就之后怎么活？这个问题太高深了。出名了，成功了，
到处为你开绿灯，干什么都容易了。到这个份上，你还能
找出新的目标为之奋进吗？所以呀，易并不易，易才是最难。

富貴不能淫貧賤不能移威武不能屈

大丈夫

一九八八年初冬之節录孟子語錄

宣科賀歲 書于昆明

莎士比亚的故乡

　　中国正在都市化，哪里都一样，挡都挡不住。一个村子被列入规划，土地被国家征用或出售给开发商，村民摇身一变成了市民，生活方式变了，身份变了，内在的东西却没有多少变化。中国的广大农村正在经历这种脱胎换骨的变革，这是一个痛苦的蜕变过程，要付出代价。很多村子只剩下老人和孩子，有力气的都在大城市打工，农村的家庭也不稳定了，传统文化的保护传承更是谈不上了，家庭结构都不齐全了，还谈什么传统生活方式的延续？上千年的东西一丢就丢了，丢了就找不回来了，很可惜。

　　到过欧洲的人对欧洲的环境建设留下了深刻的印象。我们对欧洲的印象来源于华滋华斯的诗歌、哈代的小说和历代画家巨匠的杰作。让人惊讶的是，今天的欧洲还保持着中世纪遗留下来的风景和情调，金色的田野无边际地铺开，起伏，描绘出天然的曲线，安详的村落依然是莫奈笔下的韵味；随处可见的教堂圣洁地挺立着身姿，把希望的手臂插入云空；城市和乡村好像是截然分开的，它们构成

极大的反差，又绝妙地统一为一体。在上千里的高速公路两边，是浩瀚无边的草地和林带，牛羊漫游其间，芳草和野花的清新气息回荡在每一寸空间，心情无比舒畅。在很多地方，我们看见的是弹石路，自行车，野餐，精心呵护环境的人们。树丛经过了精心的修剪，屋檐下吊着用网兜种植的花草。莎士比亚的故乡伯明翰就是一个让人留连忘返的地方。人们用石头铺路，便于渗水，保持泥土的生机。土地需要呼吸，用水泥把土地与空气隔离了，它就窒息了。莎士比亚故乡的房子跟云南某些地方的土掌房很相象，墙壁是用土夯实立起来的，建房时要在泥土中拌入马尾、头发、马粪、碎布条，这样夯成的墙不需要放置钢筋水泥，却更加牢固。而且房屋冬暖夏凉，住在里面非常舒适安逸。

　　莎士比亚故居的风格与传统乡村的古老气息完全吻合，在保护古迹这一点上，欧洲人舍得花大工夫。远远望去，故居还是文艺复兴时期的原貌，到了面前才看出房子上罩了四层铁丝网，起到固定作用，整个墙体用有机玻璃罩住，避免风化剥蚀。里面的一切全是老样子：楼梯由于年代久远，摇晃着咯吱作响，房顶是斜坡型的，这个形状我非常喜爱，就把它的样子画下来，用到我住所的设计中，变成了现在我的卧室的模样。屋子里摆放着三脚架，上面挂着烧水用的铜壶；壁炉好像随时可以点燃，旁边搁着火钳火钩，给我们的感觉是主人刚刚出去，一会儿就回来。他们的生活用具跟丽江的很相象，我几乎以为有些东西是从丽江拿去的，是那么亲切自然。我想到了我们的开发是多么大胆无情。很多开发商除了有钱之外，并没有品位和素养，他们一旦拿到了开发权，就在景区大胆动刀，搞得啼笑皆非，叫人心痛。我们手里有老祖宗留下的资源，我们占了天时地利，靠旅游起家创出了事业，但我们的底子太薄，要参与未来的国际竞争就很难适应，就必须整体提高国民素质。你看我们的街道，挖了又修，修了又挖，这个说要这样，那个说要那样，谁上来就按谁说的做，缺乏前瞻性的决策，结果就是劳民伤财破坏环境。我觉得这是决策者素质水平的问题。素质到了相应层次就做出相应水平的决策，所以，官员的水平必须上去。伦敦的地下水道有丽江东大街宽，五层楼那么高，是一个巨大的隧道系统，到现在已经一百多年了，还是原来的样子。他们用立法的方式来保护这个设施，这是一百年前的事情，立了法，谁也不能动。我下去走了走，感慨万千。

　　说到素质，可以说知识就是素质。比如劳改犯是要挨打的，把你吊起来，用棍棒打你，你就要动脑筋，要准确估计棒子落在身上的时间，对方发出的力气的大小，然后你要在体内运气使自己的力量去抵消棒子的力量，这样你就减少了受内伤的可能。如果不是有深仇大恨，或者是变态人格需要发泄，一般来说，打手并不会使出绝命之力，所以你照样可以找窍门保护自己。我在地下挖矿的时候，耳朵一直是醒着的，我会听岩层发出的声音并区别其细微变化，因为我有音乐家的敏锐听觉。有一次我在矿洞里听出了异常，那种感觉很强烈很真切。我让大家快跑，没有人听。我刚跑了一步，作业面就塌了，别的人都被压在里面。这样的时候我很悲哀，因为悲剧本来是可以避免的，那些人就这么死了，而我还得亲手给他们做棺材。我的木匠活有点名气，领导说能者多劳。我在院子里做棺材，心里感

叹着生命的脆弱与荒诞，我明白了每个老人都值得尊敬，因为他们要战胜多少莫测的灾难、经历多少次与死神擦肩而过的惊险之后才能安然抵达晚年！人能够平安活到老已经创造了奇迹！

再给大家说个真事。一群专家被发配到白洋淀劳动改造，让他们割芦苇。开始每个人都完不成任务，因为人家是按当地百姓的劳力标准确定的工作量。其中一个物理学家就老是呆在芦苇荡里割啊割，几天之后，这些知识分子都能完成工作量了。人家感到奇怪，就让他们坦白交代。结果物理学家说，我经过研究发现，把镰刀在芦苇身上按75度角切入最省力，我们就是按这个来操作的。对方听了只有目瞪口呆。这就是知识分子，他们把科学用到实践中去，老是在寻找窍门。几百年来，宇宙和地球差不多要被他们研究透了。

再说一个，也是真事。有个解放前名牌大学的高才生，仪表堂堂，多才多艺。因为蹲了几天国民党的监狱，就被打成叛徒，送去劳改。到了20世纪70年代，刑满释放，由街道代管。这个人会德语俄语和英语，却没有用武之地。他也不闲着，就买铁皮来做煤油炉。做出来一看，象宫灯一样精致漂亮，就被邻居抢去了。结果，第二天就有人送铁皮来说："不要只给他家做，也给我家做一个。"他就高兴地接下来，认真给人家做，做好了还把剩下的铁皮一起还给人家。就这样，半个城市都用着他做的煤油炉，每一盏都不雷同，漆得漂漂亮亮，像艺术品。他家里没有一点剩铁皮，也没有收过一分钱工本费。那年头没有电视，晚上没有娱乐项目，他图的是力气有地方使，虽然没有收入，却觉得自己不寂寞了，反过来很感恩。1977 年，好多高校需要外语老师，他就去应考，一考就考上了，考了全省第一。刚好街道分到一个评爱民模范的名额，大家觉得他最合适，因为他免费为那么多人家做过煤油炉，就一致选他。他坚决推辞，理由是：做煤油炉使我没有虚度时光，我感谢用我制造的煤油炉的人家，是他们让我没有变成废物。这也是知识分子的逻辑。

　　我这个人喜欢自然的东西。这些年时常有人来请我当顾问，很多机构和企业在作决策的时候喜欢听一听我的建议。富民县要开发小水井，就要修路。我对县委书记说："五公里内不能修水泥路，因为土地要呼吸。"我对大具乡的领导也是这么说。丽江师专那里旧社会是乱坟岗，七十年代初还有狼。现在人气很旺，听说很快要搬迁了，搬到新团。老师专旁边就是清溪水库，年年都有人淹死在里面。黑龙潭扩建了好几个小湖泊，近年变成了第二现场，好几回有尸体莫名其妙漂上来，什么说法都有，都不见得说中了要害。世界在变化中发展，没有人能够阻挡。甘海子是离雪山很近的一个小坝子，也是一个关口，很久以前是个湖泊，几十年前还有水。纳西语把那里叫做甘拜，甘是剪断，拜是用大扫帚扫走，意思是不可停留，因为它是个风口，口一开，丽江城就要吹大风，飞沙走石。当初开发商看中了那里，他们请了风水大师选址，又请东巴大师做仪式，还请了道士作法，把外地和本地的神秘因素可能起到的作用都考虑进去了，可见人与自然力是不能匹敌的，人以为自己可以胜天，其实是痴人说梦。所以，人人心里都该有对自然的敬畏之心，要有所顾忌，而不是

为所欲为。我们决策一件事的时候，并不知道它会怎样发展，因为我们不是神灵。莎士比亚当年离开家乡去为戏剧献身，并不知道自己会混出什么名堂来。我在坑道里挖矿多年，不知道自己下半辈子还会有一双儿女。

　　我们是为未知活着的。

　　世界是为下一刻准备的。

儿孙满堂

说话

　　一匹小马遵照妈妈的命令，要到河对岸的磨房磨一袋面。老牛说河水只到膝盖深，可以过去。松鼠说河水深得不得了，才淹死了它的伙伴。小马经过几番斗争最终还是过了河，但河水既不像老牛说的那么浅，也不像松鼠说的那么深。

　　这是中国的小学课本中的一篇课文，每个人都知道这个故事。我说话的风格也是这样，不管你事先听过什么样的介绍，你只有亲自来听我说话，才知道是什么感觉。我在演奏台上的解说，他们说是 Talk Show，我不反对。我一看见观众就有说话的兴趣，说话的时候就象神灵附体，完全是自动发光左右逢源，搞得观众如醉如痴神魂颠倒乐不思蜀。当初纳西古乐宣传刚刚起步，就有很多外国人专门跑到丽江来听我说话。人家是因为对我这个人感兴趣，通过我的介绍才了解了丽江的古乐，这个事实谁也不能否定。试问当时能用极为地道的英语跟外国人说俏皮话的除了我还有谁？能够越过地域文化差异直接深入西方文化背

景与对方零距离交流的有没有第二个人？我三岁进教会唱诗班，小时候由德国保姆带大，读过教会小学教会中学，父亲是丽江基督教的传教士和最高领导，我的西方文化功底你就算到国外留学多少年也比不了。

1986 年，天津音乐学院学报第四期篇首论文《纳西多声部民歌"热美磋"的原始状态》引起了国内外研究领域的巨大反响，这篇三万多字的论文是我花了几年时间深入民间取得的研究成果，其核心论点"音乐起源于恐惧"被列入世界艺术起源理论的重要观点之一。模仿说啊，劳动说啊，游戏说啊，大学课堂上都要一一讲的，现在就要加上恐惧说了。一个没进过大学校门的家伙一下子展现了他的理论才华，步入了学者的行列，引起了同行的关注，不能不说是一个奇迹。一个没念过大学的人，还劳改了 21 年，他的学术能力从哪里来？怎么会一下子写出几万字的论文，格式还那么规范严谨？这就是悬念。后来我在很多权威期刊上发表了一系列音乐研究方面的论文，证明了我的学术水平不是虚构，证明了我在"胡言乱语"的同时也可以进行最严密的逻辑推理和最严谨的学术思辩，前者能做到颠倒众生，后者也可以彪炳青史。要知道我的数学特别棒，可以跟数学家进行理论探讨，这种脑袋瓜可不是空心葫芦。"热美磋"如今以"窝热热"扬名世界，要知道它具有多声性和无音阶音列性，其音响来源于大自然和人类的本能音，要用符号记谱会有多难！我做到了。发表出来的论文有我记谱的大量篇幅，你可以验证一下作者的专业功底。如果我的功夫不到家，人家不会把它放在开篇的位置。前几天，一个来自大城市的弦乐四重奏乐队到我家来，请我

给他们指点。他们演奏了一下午，最后我来发话。我说："你们的和谐不够。你们听了小水井的演唱，多么准确，多么和谐，几十个人的声音完全糅合成了一个声音，多么震撼！音乐是什么？是反差，是对比，是矛盾，没有这三者不成艺术。袁晓岑画的马就在对面墙上，你们看，整个画面只有一匹马，什么背景都没有安排，密到不能立锥，空到可以奔马，这就是对比。稀和浓的反差，强和弱的对比，快慢的对照，强弱的转换，强调的再现，首尾的照应，都要一丝不苟精心处理。拿莫扎特的G大调小步舞曲来说，曲子在舒缓中突然加快，发展后又回归原速，造成了形象完整的感染力，怎么去实现这种感染力的效果？要思考。一切效果的实现要落在音准上，一两个音不准会破坏整体。你们的音圆润不够，揉弦应该每秒六次，你们有的只有四次五次，效果就出不来。"几位青年听了，佩服得五体投地。出国演出的时候，很多人担心我乱说话损害国家的利益，他们太小看我了。在外交场合，我自然会具备那种风度，我会做得象外交家一样得体，而且要比他们更有艺术性。国外那么多媒体报道过我们的演出，没有谁记录过我说了什么对国家不利的话，你们可以去查验。道理就是这样，话语是思维的反映，才华是什么？就是控制能力。大脑像高速运转的机器一样工作，就像飞驰的马匹，你是骑手，要控制，不要掉下来，这就需要很多方面的力量在你里面支持，配合开展工作，那是一件很不容易的事。

　　我能够很规矩地说话，当然也可以"胡言乱语。"其实我说话都有根据，哪怕当时听起来像乱说，仔细一想就会觉得有味道。毛主席的"谦虚使人进步"，我改了一个字，谦虚使人退步。毛主席说的是谦虚的一面，我说的是另一面，这就是辩证法。中国的老师谦虚，说自己才疏学浅，要请人斧正。斧正就是用斧头砍掉！既然你的东西不值钱，要砍来丢掉，你为什么拿出来糊弄别人？你那么做等于误人子弟，贻害千年。所以，一边是自我贬抑，一边是文人相轻，其实都源于真正的虚弱，水平不够的虚弱。很多游客喜欢打听我21年监狱生活的体会，那是我最深的痛点，我可不想朝他们发牢骚。我就说："那对于我就好比一个漫长的旅行；不，是一个漫长的蜜月！"大家笑了，我也笑了，我的笑是真切的，对于已经战胜了的痛苦来说，痛苦本身当然也就变成了享受。一笑置之，都过去了。我在北京传媒大学做讲座，人家问我为什么看起来这么年轻，有什么养生秘诀说出来大家听听。我脱口而出："我不吃药，不练太极，我写论文练脑筋！"我打过几个官司，不是为了出风头，而是为了练脑筋。后来他们叫我给传播下个定义，我不假思索就说："成功——传播很重要；不成功——传播不成功！"掌声惊天动地。现在看来，这的确是最经典的一句广告语。

传播知识最终是为了让人记住，所以你的话必须打到别人的记忆里去。丽江古乐中的《八卦》，经考证为李隆基所作。你要跟普通百姓讲李隆基，中国古代那么多皇帝，老百姓根本记不住，也不感兴趣。我就有办法叫你记住。我把李隆基称为"胖美女杨贵妃的男朋友"，观众捧腹大笑，个个都记住了这个才子皇帝的名字。人们的习惯思维是贵妃沾皇帝的光，哪里见过皇帝沾贵妃的光的？仅此一例吧？那就好，我想你必然记得牢固。古代有个词牌叫菩萨蛮，

宣科在小水井苗寨指挥弥赛亚·哈利路亚大合唱

宣科与小水井成员在富民小水井合影留念

你要解释这个东西很难，尤其是跟外国人讲，你讲半天他也弄不明白。"Pu—Sa—Man—"，我说，"它的意思就是野蛮的菩萨！"有人笑得滚到地上。外国人露出惊鄂之色，虽然搞不懂菩萨为什么可以野蛮，或者野蛮者怎么可以叫做菩萨，但"PuSaMan"这个称谓他们是一辈子忘不掉的了。我的目的就是要你记住，你记住了，我就成功了。

有时候说话会达到意外效果。1993 年我在 BBC 观察栏目说了香格里拉在云南中甸县，就此命名了一个市和一个著名的旅游品牌，因此享受迪庆藏族自治州终身荣誉公民的殊荣。好多丽江人生我的气，怪我吃里扒外把宝贝给了外人。我觉得有必要弥补一下，就向政府提了建议，结果真把丽江最气派的雪山中路改名为香格里拉大道，这样我就不欠债了。

我现在的使命是打造小水井农民合唱团的品牌。我到处为他们呼吁呐喊，还想把他们带到欧洲去巡演。我已经80 岁了，不过，我不说就没有人能看出来，何况海关又没有规定 80 岁太老不许出国。如果我的设想能实现，翻译就不用配备了，我自己来更顺手。到时候请你们关注欧洲各大权威媒体，难说上面会有我的精彩名言四海传诵。

我的话一般都要应验。我早说过，我说话都是有根据的，不信就等着看。

我观世界音乐

丽江人喜欢说，今天宣科又在哪里哪里说话了，他说……然后是一番议论，把我从头论到脚。既然大家都这么在乎我，为什么不让我做奥运火炬手？好不容易有这么个露脸的机会，人家别的地方都把自己地面上拿得出手的人物亮在世界面前，生怕别人不知道。我也算得上丽江的代表人物吧？为什么那么多人都当上了火炬手，却不让我上？我好羡慕人家手里收藏的那个火炬啊！难道大家是爱护我，怕我跑不动？还是觉得我跑起来姿态不好看，丢了地方的脸面？那算什么跑，才几十米，还没提速就换人，你们忘了我干过 20 年苦力了。因为没有我，丽江的火炬传递必然减色，人家看实况转播的观众会问："宣科呢？他怎么还不出来？"你们就没面子了。

我喜欢思考。在一切学问之前，我首先是思想家。相比之下，我更在乎我想过什么，而不是经历过什么。人的经历要受环境和条件的制约，人的思想却可以翱翔在无限的时空，谁说小地方就不能有大思想？自然环境和地理条件是文化发生发展的主要背景。比如希腊的海洋文化特质和中国印度的内陆农耕文化特质就是两种文化最初的切分点，因此导致了一个接一个的不同对比。东方式的内隐产生佛教、含蓄、文质彬彬、微笑、中和、杀人不见血；西方式的率真产生海盗、决斗、骑士、咏叹调、爱神、奥林匹克运动会。在种种划分之中，气质的划分最明显。人作为大地上生长的生命，与孕育他的环境有着深刻的关联。为什么中国最发达的地方是沿海？原因是海洋给了人们博大的心胸和开放意识。传统文化保存得最好的恰恰是最封闭的地区，因为封闭，几乎受不到外面的影响，几百年都不动一动。纳西古乐被保存下来，就是因为丽江在地理上是个口袋底，交通的不便使它变成了一个与世隔绝的地方，文化的变迁相对就小。跟现在比一比，就可以看出来发展旅游使丽江变成了一个文化交流的大舞台，不管什么东西，一标上"东巴"二字就能卖钱，文化变迁的速度也空前加快，年轻一代的观念突飞猛进，要保护传统文化已经成了一个难题。

那么，音乐也可以用地域来划分吗？当然。地域文化孕育地域心态，地域心态又孕育地域音乐特质。大致划分一下，可以分为四种。

第一种，可以叫沙漠音态。我指的是在最恶劣的自然环境下孕育的音乐特质。比如大沙漠上的人们，被酷热和干旱所煎熬，生存条件恶劣，在这样的背景下，只有生命力最顽强的人才可以活下来。那种音乐的风格，肯定是竭力发泄的、滚动着厚重的求生欲望的、疯狂的、挣扎的、摧折的、沙哑的、重金属低鸣似的、摇滚的，就像压在巨

在北京音乐厅宣科指挥中央歌剧芭蕾舞剧院交响乐团

石下的小苗，倔强地昂着头，把身体从重压的某个空隙拼命高举向云天。在阿拉伯世界，一个女歌唱家使成千上万的人们随着她的歌声走火入魔如痴如醉，音乐会过后，医院里常常住满了受伤的人。三毛到沙漠上洗练了一番，好像也具备了魔力，到处有人痴迷于她的作品，流浪也成了当代人最喜爱的生活方式和最时尚的话题。也许，重压是现在社会的特征，每个人都在重压下挣扎，压力正好烘托出了生命的顽强与贵重，所以，压力越大，生命力的反冲就越壮观，崔健们那么一吼，全中国的人都摇晃起来，心脏狂跳，口号震天，排山倒海的气势惊天动地，喜欢优雅宁静的人简直就不能忍受片刻！

第二种，我称它平原音态。这种音乐没什么野心，自我陶醉，以皇帝的意志为最高准则，追求优美、优雅、华丽、完善、情调、细节的和谐、个体的突出、技巧的美化。最典型的是京剧，外国人叫它北京歌剧。它用假嗓演唱，连唱数日不会倒嗓子。用头颅共鸣，声音有金属质地，明亮通透，玲珑晶莹，穿透力很强。中国的民间小调也喜欢捕捉一点小情趣小感触，人人心中有的东西，一听就容易共鸣，也因此获得一些喜乐感伤，增添了审美的收获。雅俗共赏，贴近大众，这是真正的通俗。戏曲的高度程式化就像社会法则一样严谨，约定俗成不可逾越，显示了一个社会的条理分明与井然的道德秩序，显现端庄和登大雅之堂的一面。民间小调的立足点是俗，是严谨背后的放松，是稍微的解放，小调皮，拿下面具后的粗俗随意，任性，一点点恶作剧，显现生命的率真平凡泼皮的一面。这二者都不至于让人发疯，却可以使人痴迷，祛除生命中的野性与不安分，寻求

内外的平衡。中国以前有数不清的戏迷票友，不乏权贵命妇，他们追捧名角，大呼小叫，不过是玩点真性情而已，"发乎情止乎礼仪"的古训会让他们保持文质彬彬。

第三种，叫做高原音态。因为站得高，所以有通灵的气度。我们看看阿尔卑斯山脉、喜马拉雅区域、帕米尔高原、昆仑山地区的人们，他们要与自然灾害、野兽、暴力作斗争，喜欢玩枪弄刀、喝酒、冒险、崇拜神灵。人们歌唱的时候，可以一下子把旋律拉到天上，再一下子跌回大地的某个角落里，如利箭穿心，欲罢不能。那里的生命很高贵，苦难与不幸不屑于向人世诉说，只愿对天地叙述。那种音乐展现人的神性，生存的悲壮，情感的空灵，欲望的纯洁。念经的人们专注虔诚，他们的声音深沉厚重，像低飞的神灵徘徊，大地就是音箱，把他们的诵经声变为低沉的轰鸣，飞翔的影子加上恍惚的声音，生命的愿望尘埃落定，人们的灵魂稳如磐石，那种高山一样万年不变的坚韧执着可以让神灵都落下泪来。韩红为什么那么受欢迎？她的歌都有藏族歌谣的韵味，就像一匹纱在离天最近的地方、在大风中突然展开，迎风飞扬婀娜多姿，压抑的风情与挚爱、凶猛的柔情与柔软的杀机酷烈地纠缠，那就是与天地对话时的状态。要不就与万物说话，要不就自己喃喃自语，没有第三种选择。这就是高原民族的气度。当我们企图超越平凡的生活，让自身净化、飞升之时，我们也会被自身的状态所感动，而发出最深刻的感恩之念，就在那一刻，美、善、真合为一体，我们与永恒合为一体，这就是高原音态的境界。

第四种，叫峡谷音态最合理。峡谷是最封闭的生存空间，这里的人与外界接触少，安全感差，意识胸怀都不够宽阔。

但他们忠厚勤劳，民风淳朴，与世无争，随遇而安，自得其乐。峡谷有很强的吸纳能力，外面的东西流到那里，很容易沉淀下来，再层层累积，长期保留。无论是金沙江、澜沧江还是怒江、红河，都是两岸文明的活化石，多民族文化的天然博物馆。纳西古乐就是峡谷音态的典型产物。

我经常对流行音乐说些不入耳的话，很多人就以为我老化了，不能接受新东西。其实不是那么回事。我从不拿信仰开玩笑，也不能容忍把艺术仅仅当作玩乐。过去有个词语叫靡靡之音，纯粹的按摩不能叫艺术。《何日君再来》曾经被定位为黄色歌曲，那是误会。它所包含的深沉感慨和旋律的流畅优美决定了它是一首标准的艺术歌曲，可见并不能以作品出现的场合来确定它的身份，就像我们不能肯定首相就一定不会出现在酒吧一样。就是出现了也不奇怪，首相也是人嘛，给自己一点小自由也是人之常情。我其实是不能容忍艺术越来越没有难度，没有技巧，没有质量，没有高度。今天的人喜欢谈解构主义，去圣化，好像不把高雅的东西塞进烂泥塘就不舒服。你要是喜欢进烂泥塘打滚，你尽可以这么做，但是不要炫耀这一点，就像你会自己上厕所，你用不着强调这一点功能，实际上人人都会，不值得炫耀。人世间比滚烂泥塘或者上厕所有意思的事情多得多了，大家看你出洋相，最多大笑几声，然后就不理你了，因为你没有给人真东西。弄不好，一个人就成了小丑。

我对欧洲古典音乐永远怀着最深厚的感情。找不到语言来形容我对那个世界的感受，也没有话语可以表达我对它的挚爱与感恩之深。说生死与共一点也不掺假。我为了传播音乐文化，就投资修建了一个音乐厅，我花了几

百万，图的是在里面讲学。你觉得值不值？我每次组织几百人来听，来回的车票钱我付，你觉得怪不怪？我们这些在金沙江峡谷生长的人们，第一次在音乐厅里听到了贝多芬、巴赫、肖邦、海顿，知道世界上还有交响乐、咏叹调、奏鸣曲，我们可以用外语在世界的任何一个地方跟人家谈莎士比亚、歌德、托尔斯泰、雪莱、拜伦，这难道不是进步吗？什么是文明？要回答这一点，就要从它的反面入手。文明的反义词是野蛮落后，在那里连生命都没有保障，还谈得上什么美好生活？所以我们要进步，要文明，所以为此而作的所有努力都是值得的，伟大的！

挪威哈康古演奏厅，1500余名听众在国王的带领下向纳西古乐团起立致敬

宣科阐述着他的音乐起源理论：音乐起源于恐惧

我与傅聪

　　20 世纪 50 年代，我在昆明市委文工团任指挥。合唱指导是著名女高音方于女士，她也是我的声乐导师。这位身材高挑、相貌和举止活脱脱流露出西方贵族风范的女先生是我青年时代的偶像。相貌清秀有着一双炯炯大眼的傅聪在文工团任钢琴伴奏，指挥与伴奏当然是老天安排的搭档，我们在台上配合默契，到了台下是形影不离的知己。我对高级知识分子有一种天生的崇敬感，比如方于教授的父亲，是中国最有学问的大师之一，《词源》的主编，现在出版的《词源》把这位主编的名字去掉了，太不应该。又比如傅聪，他父亲傅雷更是大名鼎鼎，翻译了《约翰克里斯朵夫》和巴尔扎克的所有作品，这位学术大师总是亲自不断地给他的儿子写信，每封信都由夫人认真抄写后从邮局寄出，然后，收到信的儿子就把父亲的作品拿来跟他的知心朋友一起欣赏，这就是后来流传最广的书信杰作《傅雷家书》。我很荣幸地读到了大量原稿。刚解放那些年，最有自豪感的阶级是工人和农民，知识分子中的优秀分子虽然有一肚子学问，他们自己却没有优越感，在钻研学问的同时，他们努力把自己的孩子打造成品学兼优的人才，以求造福于民族和时代。《傅雷家书》就是一个例证，我们从中可以看出中国的知识分子是怎样构想着理想的人生目标，在品质情操和为人处世等方面孜孜不倦培育着青年一代的情景的。父母与儿女的关系是如此，师生关系更是如此。很多学者在学生身上花的心血比在自己儿女身上花的要多出无数倍。令人兴奋的是，虽然有数不胜数的人把热情和精力投放在各种社会运动中以证明自身存在的先进性，还是有为数不少的有志青年把寻求真理与知识作为自己的奋斗目标，也许他们在社会上不像前一类人一样吃得开，但这些人在后来的持续努力下最终变成了国家的灵魂与栋梁，站在今天的角度去看，我们仍然要承认他们是出类拔萃的一代，是时代精神的精粹写照。

当时的文工团汇聚着才貌双全前途无量的青年精英，每一个人都雄心勃勃神采飞扬，焕发出无限的青春魅力。我们每天都有新点子，想到了就去做，一个好点子立马就召集了一大群精力旺盛的年轻人。写歌，作曲，排练，到各种公共场合去演出，那样的日子充满了激情，令我们乐此不疲。没有人在意什么报酬。没有人计较工作条件。我们跟延安的人们一样，在新社会里朝气蓬勃地创业。

年轻气盛的傅聪有耀眼的才气，每次演奏都全神贯注拼出全部心力。舞台充满诱惑，钢琴王子却没有专用的琴凳，只能坐在细而高的独脚凳上弹琴。一次，是一个观众爆满的晚会，傅聪独奏李斯特的狂想曲。他的神情是那么忘我，他的身影是那么勾魂，他的技巧是那么游刃有余，全场的

眼睛都在他一个人身上。就在这时，他过于猛烈的用力使琴凳突然飞出，他惨烈地跌在地上！

反应快的人冲上去将他扶起。他还不明白发生了什么事，他的眼神像堂吉诃德那么执着顽强，还沉浸在大战风车的狂飙行径带给他的快感中。后来的他明白自己出了一个大洋相，他觉得很丢面子，尤其是下面坐着那么多美丽纯情崇拜英雄的姑娘，当着她们的面摔倒在地实在让人羞于再见世人！很长时间他一直对此事耿耿于怀。这种年轻幼稚丢面子的事情我也经历过，真的要当心。1954年，电影《山间铃响马帮来》要开拍，我被推荐到音乐创作组做案头工作。所谓案头工作就是准备资料、接送人员什么的，兼有秘书、助手、打杂之类的职能。虽然不是主角，却有机会跟当时全国最著名的明星人物打交道，一个急于出人头地的青年人的自尊心还是大大满足了一回。不管你信不信，想出人头地是人的本能，谁都不能免俗。

摄制组住在国防文工团，我一门心思朝那里跑。到了那个让我向往的地方，我的表现欲上来了。有个房间里有台钢琴。我走进去自己伴奏，用美声唱法唱起歌唱高原的歌曲，希望我的歌声能给美女们留下印象。

人家都不认识我，这么多重要人物住在这里，一个陌生人的不请自来多少令人有些不放心。一个衣着简陋的老头看我忙碌了一阵，思索再三后走过来问："小同志，你是哪里的？来做什么？"我为了显示身份，就用自命不凡的语气说："我找陆云，我们很熟。"陆云是当时最有名的音乐家，抗战时期每个人都唱过他写的歌，老老小小都知道这个名字。

他站在旁边继续听了一会儿，说："好吧，我去帮你找。"说完就走开了。

很多美丽的面孔聚集在我周围，我的兴致更高了。老头也再次被吸引过来，而且跟我谈上了。他很友善地说："小同志，你很不错嘛。"我对他当着美女的面称我小同志很不高兴，就傲慢地说："你还懂音乐啊？老同志。"他没生气，又说："老弟，文工团的炊事员怎么也会懂一点点嘛。"话音刚落，两个姑娘跑进来，冲着他喊："陆云老师，有人找。"他站起来说："什么事啊？"边说边朝外走。什么？炊事员老头就是陆云？我呆在那里，额头脖子上全是汗水，恨不得从地缝里钻进去。没想到走出去了的陆云又返回来了，他亲热地对我说："没关系，没关系，老弟，我很欣赏你的个性！"

说实话，这是我一生最惊心动魄的遭遇之一。人啊，千万不要太得意了，要知道山外有山天外有天，到处有陷阱呢。

命运给了傅聪更致命的打击。傅雷夫妇自杀了，留下了给孩子的绝命书。这是在当时复杂多变的政治背景下一部分知识分子精英不得不选择的捍卫人格之途。但我们还是难以想象那位写出了《傅雷家书》的大师会抛下他心爱的孩子和事业自杀。事情发生后，傅聪到英国大使馆寻求避难。傅雷夫妇是享誉世界的学者和文化交流使者，傅聪很快被送往曼彻斯特音乐学院读书，后来又在国外成了著名的钢琴演奏家。而我也因为政治原因在 1957 年被送进了监狱，从此跟傅聪天各一方。

1995 年 10 月的一天，一架波音 747 客机从北京首都

机场起飞，10 多个小时后在伦敦希斯洛机场着陆，从舱口走出了 10 个丽江人。这就是丽江纳西古乐走出国门的历史性时刻的定格。这也是已经 66 岁的我首次踏上异国土地的第一时刻。从三岁在唱诗班开始接触西方文化到终于能去莎士比亚的祖国展示中国人自己的文化，我已经努力了 63 年！我曾经以为自己会到一所欧洲最著名的音乐学院接受专业教育，然后在世界的某个地方指挥一支最著名的乐队演奏海顿贝多芬莫扎特柴科夫斯基……然而时光流逝，岁月蹉跎，当我在人们眼中已经俨然是一位标准意义上的老人时，我竟然真的有了一支乐队，而且因为它来到了遥远的异国他乡，这就是命运在这一生给予我的最神奇的恩赐……

命运竟对我如此恩宠，我与傅聪分别已有 40 年，一踏上英国的土地，我的第一个念头就是想见他。傅聪的知名度相当高，我很容易就找到了他的电话号码。听到彼此的声音，我们都很惊讶，不停地发出惊叹！对傅聪来说，宣科这个名字已经消失了几十年，根本无法打捞，只不过是往昔的一抹阴影罢了。可是现在这个名字不知道从哪个角落里突然跳出来，像一颗炸弹突然落在他家院子里，这种感觉太突兀太荒唐了，叫人根本无法理解。

当晚演出前，一位身穿中式黑色对襟短褂、风骨清俊的先生匆匆来到后台，大声激动地喊："宣科你在哪里？我还没有票呢！"我大叫："傅聪，我在你面前，你好好看看！"我们抓住对方打量，没好意思拥抱，语言也变得疙疙瘩瘩，什么都想说，又不知道从何处说起。在场的人被我们的重逢勾起了无限的好奇心，但没有人会懂得两个饱经沧桑又相隔多年的朋友内心的情感波涛！我们失去了熟悉的一切，又赢得了陌生的一切，接下来，我当演员，他当观众，就像一场汇报演出，我把纳西古乐作为礼物，献给了我青年时代的知己，但愿这神圣的仙乐能抚慰他和他的父母那超凡脱俗高尚伟大的灵魂，同时抚慰世界上一切热爱生命又遭遇坎坷的人们……

宣科与老朋友傅聪（国际著名钢琴家）在英国重逢

信仰的力量

　　听说没有？最近有一个学生娃娃指挥同伙把一个大男人切成两百多块，装成一个个小袋，扔了。这在中国古代叫凌迟，只有训练有素的行刑官才能做，令人发指！但是人家古代的人还没有那么狠，人家不拍摄作案过程，今天的学生怎么了，什么都做得出来！我实在是不能理解，一个19岁的学生怎么会有那么深的仇恨？怎么会对世界有这么强的敌意？我蹲了20多年监狱，出来后长期当老师，我什么时候教过学生仇恨？我对这个世界只有爱，大爱。我随时是感恩的，我感谢一切，包括伤害过我的人和事物，还有视我为敌人的人。

　　1930年农历二月初八，丽江古城的宣明德郑小凤夫妇无比欣慰地迎来了他们的唯一的男孩子的出生，这个孩子就是我。旧时代的父母总是要把自己的梦想希冀寄托在男孩子身上，所以，虽然我已经有好几个姐姐，但我的降生却给父母带来了特别的惊喜。后来我才知道，二月初八不是一般的日子，那是我们纳西人祭奠民族保护神阿普三朵

宣科高中时在西山聂耳的衣冠冢旁（摄于 1947 年）

的日子。传说二月初八是三朵神的生日，宣家的孩子居然选择在这一天降临人世，当然是天赐的吉兆。后来我经历过许多难以想象的艰难险阻，说九死一生也不过分，居然能够化险为夷，神气十足地活到现在，真的是伟大的阿普三朵神一直在暗中保护我吧？

我居住的丽江古城，从前叫大研，意思是一个大砚台，可见当地人对学问修养的重视。我是一个血缘复杂的人。我父亲是纳西族人，我祖母却来自中甸（今香格里拉）藏族贵族——声名显赫的斯威家族，我外祖父身上有土耳其血统，是穆斯林。我父亲是虔诚的基督徒，也是第一个说英语的纳西人，所以我小时候读的是教会小学，家里的保姆是德国人。上个世纪初，基督教多个派别进入云南，建医院，开设学堂，传播科学民主的思想，这种学堂跟普通学堂比，教学质量很高，广泛开设自然科学、社会科学和艺术课程，培养了很多优秀人才。我的知识启蒙和艺术天赋的激发应该归功于教会学堂，虽然我当时还不到 10 岁，但那种教育却打开了我的视野，加上复杂的血缘和开明的父母所给予我的天然的国际主义立场，就像是天将降大任于斯人，早就注定了我在未来充当东西方文化交流使者的角色命运。

人是矛盾的存在物。我一生感慨最深的是两次背叛。1946 年，我到昆明读高中，参加了进步的共产党的外围组织"中国民主青年同盟"。1948 年 7 月 15 日，作为"反饥饿、反压迫、反对美帝扶持日本"学生爱国运动的积极分子，我被反动政府关进了监狱。我是基督教徒，却自觉地参加了地下革命工作，这不能不说是对原属阶级的一种背叛。

后来，因为当年曾经被捕入狱，而极左路线又占了上风，我被打成反革命，跟很多人一起莫名其妙被送进了监狱，一蹲就是 21 年。从基督徒到革命党，从革命党到反革命，这是奇异的历史玩笑，它太捉弄人了，足以使一个意志不那么坚定的人彻底崩溃粉身碎骨。我没有放弃。从来没有。1957 年入狱的人几乎都是从左派、右派转化而成罪犯，他们中有很多是好人，甚至是杰出人物，却长期失去自由，有些人就放弃了生命。我不。我有信仰。我知道我来世上是为了做一些别人不能代替我做的事，非我去做不可的事，这种意识任何时候都很清醒地呼唤我，命令我坚持。我成为今天的名人不是因为政治地位优越，相反，这方面我不能跟大家比。我之所以 80 岁了还有这样的精神、思维、意志，还能偶现青春的魅力，是因为我有两个秘诀。第一，要用知识保护自己。人学那么多知识做什么？是拿来运用的。过去的书呆子天天读书学知识，不知道拿来用，实在太荒诞了。比如你住在监狱的大牢房里，睡通铺，牢房里在流行传染病，你怎么保护自己？你知道跟病人的呼吸器官靠得太近就会传染，你也知道劳改犯的臭脚丫太难闻，为了不被传染，你就要睡到大家的脚那头去，再受不了也要那样做，那就是在用学过的卫生知识保护自己。第二，要想让生命之火不灭，就要有一种心理，要相信自己是火种桥梁，要把文明传递给下一代，这样就能不断爆发出动力。这叫做自己看得起自己，赋予自己某种伟大的角色感不是坏事，那样会调动起潜藏的能量，创造出难以想象的成就。我们发现很多人甘于平庸，是因为从来没有尝试过伟大的感觉。人觉得自己伟大，就是在拔高自己，接受向上的心理暗示，

在这种状态下，阴暗力量无法靠近你，你也不会降格堕落，照样活得精神百倍。

说到人的精神力量创造的奇迹，富民县的小水井那个地方，有个农民合唱团，以前没人知道。那个村的人信基督教，文化不高，年轻人也就是小学水平，生活艰苦。平时在地里劳作，需要唱歌了就把人从地里一个个找来，脚上还沾着泥土。就是那些人，捧起标准的五线谱，张嘴一唱，出来的是令专家瞠目结舌的西洋美声，而且是多声部。最近他们代表云南去参加青歌赛的合唱比赛，把很多音乐学院的合唱队都比下去了，后来是因为要回答"孔子的故乡在哪里？""死海在什么地方？"之类的知识问答题，而他们的代表天真无邪地回答"不知道"，才没有问鼎前三名。前些日子省里开政协会，我和一些知名人士去昆明的一所学院听小水井合唱团排练，才进校门就听见了天籁一样完美的声音。一位著名歌唱家惊奇地说，"哪里在放这么好的录音啊？"我说，"不是录音，是他们在唱。"大家不相信。等走进排练厅，真是他们在唱，啊呀呀，多美妙的和声啊，一张张纯洁的脸盘，浑身上下天然无雕饰，眼神那么友善清澈，表情那么自然亲切，脸蛋晒得黑里透红，手指甲缝里还有没洗干净的泥土，可爱得象一个个孩童，在场的人全都被震撼了。他们为什么能唱那么好？因为他们唱歌不是为了比赛得奖，而是为了赞美心中的神灵和爱的信念。只有到那个境界，艺术才能出神入化。

差不多有 20 年了，我一直在大研纳西古乐会担任古乐演奏的现场解说。每次演出完毕，我都会被听众包围。有下跪的，有痛哭流涕的，有全身颤抖的，有要我解答各种各样难题的，还要不停地签字。世界上的明星不是天天要给人签字的，我就不一样，我每天都要面对来自五湖四海的游客的"围攻"，尽量满足他们的要求。现代人有种种痛苦，他们拿下面具，把真实的思想情感暴露给我，希望得到我的帮助。我对他们说，人有这样那样的痛苦是因为没有信仰。前面说到的那个凌迟人还拍过程的学生肯定没有信仰，没有同情心，连人性都没有了，所以才能把灭绝人性的事情做得有条不紊。没有信仰，人就没有善恶观念，行为就没有禁忌，那将会带来无穷无尽的社会问题，太可怕了。马加爵事件已经敲响了警钟，我们要给新一代信仰教育，要创造健康幸福的心灵，这是教育的基础，也是教育的重点。

今天的社会有高科技做基础，现代文明轻易地满足了人们的生活需求，物质匮乏已经不是主要问题。生活越来越富裕了，幸福的人却越来越少，这就是信仰问题。我的意思是人应该在宇宙中找到整体感，无论你是这个或者那个宗教的信徒或者你什么宗教都不信，你都是世界的一分子，一个有机组成部分，你跟他人跟别的部分是相关的，所以你必须爱这个世界，用你内心的爱去照耀身外的一切，使你成为一个光源。那就是大爱的境界，幸福的境界。如果你意识到自己跟万事万物是一体的，你就不会轻易去伤害任何东西，哪怕你不是宗教徒你也会自然做到爱惜万物，因为那是发自你内心的要求。现代人就是需要这种神圣感无私感，因为他们缺失了信仰迷失了心智需要拯救，而真正的拯救只能来自他们内心，来自自我淘洗。中国传统文化把修身放在第一位，很有道理。作为只有数十年的生命，

做人是最要紧的事情。这两年大家都在谈环保，环保却问题不断，就像对独生子女谈关爱他人，他理解不了，也做不好，因为他没有这个需要。结果怎么样呢，社会上恶性事件越来越多，生存环境恶化，威胁到每个人。不做宗教徒，却要有宗教心，要爱，要善，这到哪个时代都不会错。宗教讲正念，就是不起邪念，不生恶意，不做恶事，哪个民族都需要。正的力量来自哪里？来自内心深处。攻心为上，不战而屈人之兵，今天的教育要注意这种手法。允许犯错，却不允许杀人，杀了人没法改正，悔之莫及。人最大的敌人是自己，切记。

宣科先生书赠夏威夷大学

音乐欣赏课

　　春天是丽江的故乡。虽然冬季的冰天雪地可以把整个大地像蛋壳一样封闭，但植物和花卉从来没有离开过这个地方。不落叶的植物照样郁郁葱葱，鸟儿在树叶丛最深处筑巢，艰难地经营着缺吃少穿的家庭生活。很多年了，丽江的孩子在矮树丛里轻易就可以掏到鸟蛋。丽江曾经是一个彻底的乡村，它广袤的田野上到处是荆棘丛，俄国人顾彼德用艺术家的笔调细腻地描绘过半个世纪前丽江田野上的荆棘丛，对那些铺天盖地天然绽放的花朵编织成的花墙予以了神魂颠倒的赞美。当真正的春天来临，一些人不可避免要经受花粉热的折磨，每一寸空间里都流溢着神秘莫测的馥郁芬芳，发情般的勃勃生机要到清明才渐渐度过高潮。

　　4月，经过冲刺后的大地静卧在花丛中看透明的蓝天。我已经80岁，这样美好的时光，应该用来欣赏音乐杰作。许多年前，我就在一个小院子里给学生讲音乐欣赏课，最初我用的工具是我的亲人从国外寄来的饭盒式录音机。这些课没人付报酬，却一直坚持了下来。我那时一有点积蓄

就全部投资在购买音响设备和磁带碟片上。世界上有两样最美好的的东西，一个是艺术，一个是我故乡丽江，同时拥有它们使我成为了幸福的人。

我并不是任何时候都那么咄咄逼人。比如此刻，4月中旬的一个清晨，丽江的春色到了深浓的颜色，我贪婪地呼吸着，走进一所中学去给学生们作音乐欣赏讲座。我一时忘记了自己的年龄，象年轻时走上合唱团的指挥台一样激动。我是为音乐活着的人。10来年的时间里，我在全世界很多所著名大学作过各种各样的讲座，手里有了层层叠叠的荣誉博士、客座教授的证书聘书，我还是喜欢义务到丽江的学校和单位给大家作音乐讲座。我亲自在庄园里设计修建了音乐厅，一方面是为了演奏，另一方面就是为了讲学。

这次讲座是提前安排好的。门敞开着，两位学校领导把我迎进报告厅。宽敞，阶梯型座位，整洁高雅，设备不错。

"好啊，这么优越的条件。学生呢？"我问。

"在外面集合。"领导回答。

等了几分钟，学生开始一个个入场。按照老师的指引，坐成一排排。光线还没有暗下来，我注意到他们幼稚而不安分的眼睛到处滴溜，身体不停地动来动去，细小的说笑声听起来非常纤细。他们太小了。

讲座就这样开始。

"同学们，知道柏林墙吗？就是把东德和西德分割开的那道墙……冷战期间有几千人在墙下被打死了，多么悲惨！不要开大灯，我马上要放音乐给大家欣赏，不需要强光，在黑暗中人的想象的翅膀才会尽情张开……"

我才说了几句话，墙下有几个学生溜过。他们很快溜到门口，忽地钻出去。

摄像师："要强光，要把你拍好！"

我叫起来："拍好了有什么用？不重要，我不要光线，要黑暗！"

灯熄了，只有控制台上有一点点仪器发出的微光。

又有几个学生溜到墙根，朝门口移动。

什么叫挫败感？没叫你心痛就称不上挫败感。这是我自找的，我心痛。

"看见那些偷偷跑掉的家伙没有？他们完了。为什么这么说呢？拒绝世界上最好的精神食粮，拒绝崇高和伟大，人的一生将处于多么可怜的境地。他们这么做说明了——"

我显然在批评那些拒绝经典的学生。做学生的人都喜欢听老师批评别的同学，毕竟是面对面的交战，那种兴奋感是不言而喻的。他们以为我已经愤怒了，要发作骂人了，等着看好戏吧！

我在卖关子，他们在屏息期待，答案肯定是……

可是，学生们得到的是一个意料之外的答案——

"说明了我们要继续听音乐！"

大家又掉进了我的圈套里。

现在学生们摸不着我的套路了，他们安静下来，觉得好玩。

"我给你们介绍一支乐队。他们在战乱中穷愁潦倒到处漂泊，有的当过乞丐，有的到地铁候车厅拉琴，一天才挣 6 马克，相当于人民币两毛钱，有的要靠它养活全家，所以经常饿肚子。他们来自几十个国家，都是世界顶尖高手，有人就想到了组建一个由不同国家的艺术家组成的乐团，来实现国际和平的伟大理想，这就是柏林国际青年爱乐乐

团。现在让我们来听一首格林卡的作品。柴可夫斯基说过，格林卡是所有音乐家中的沙皇，柴可夫斯基是谁呢？就是《天鹅湖》的曲作者，他自己已经够伟大了，还这样抬高别人！"

又有学生继续溜走。不过现在他们已经不能破坏我的情绪，我已经进入了理想世界。

"再听一首《马刀舞曲》。你们看一看什么是真正的艺术家，什么叫才华横溢。接下来我们听《云雀》。你们不要发疯哦，他们太厉害了，简直叫人发疯！这样的演奏是国际顶尖水平的演奏，你们要喜欢经典，喜欢高尚伟大的东西，变成经典需要时间的验证，要全世界公认他的技巧才算数。你们的流行音乐偶像明星都是象产品一样生产包装出来卖钱的，他们奏不了《云雀》，也称不上艺术家。"

"下面我们来听唱诗班演唱的合唱，他们唱赞美诗，有最不得了的和声技巧，音乐家应该学习运用他们的技巧。我刚刚给富民县小水井村的苗族农民合唱团出版了 CD 和 DVD，你们来欣赏一下他们的演唱。他们的年收入才 500 块，家徒四壁，每天从事繁重的劳动，没有钱读书，只有一个人读过中学，一个个手掌粗糙得象熊爪，但他们能演唱世界上最高水平的音乐作品，他们是真正的艺术家，把我们感动得五体投地。我在任何场合呼吁去小水井，那里的山路红土飞扬，我把录音设备和人马拉上山去，我把专家学者外国友人拉上山去，这是一种快乐。路面真的很差，红土包围了我们，我唱着俄国那首著名的歌曲《征途》，尘土飞扬，快乐荡漾，多么快乐，多么舒畅！有的人是你揪着他的耳朵让他亲临现场他也不会承认自己没有别人高明，只会自欺欺人地说别人是在中央音乐学院卧底学习过

6 年……这就叫做偏见，世俗的偏见。什么叫震撼？巨大得不得了的反差就叫震撼。舒曼的《茨冈》，那么大的难度，他们唱得多么轻松自如准确。你们注意容貌和声音的反差，人的朴实和音乐的华丽的反差。我有时间应该发点帖子，在网上给他们鼓掌。"

1508 年，弗罗伦萨西斯廷教堂的天顶上倒挂着一个人，他从那时候起一直挂在那里有 5 年时间，直到那巨大的天顶被人们从没有见过的浩大画面所覆盖。奇迹就这么产生了，而那个创造者却还是习惯倒挂在那里审视他的杰作，直到教皇站在台架下仰着头朝高空喊："要我亲自把你从台架上翻下来吗？"那个形容憔悴不堪的家伙才依依不舍地告别了他的作品下到地面。5 年来，这个富于野心壮志的男子每天倒挂在教堂天顶，双目一丝不苟盯着每一寸空白，苦苦思索之后，才描上一笔。

"我的胡子向着天，
我的头弯向着肩，胸部象头枭。
画笔上滴下的颜色
在我脸上形成富丽的图案。
腰缩向腹部的地位，
臀部弯成称星，压平我全身的重量。
我再也看不清楚了，
走路也徒然摸索几步。
我的皮肉，在前身拉长了，
在后背缩短了，
仿佛一张 Syrie 的弓。"

简直是惨不忍睹。世界上很多恐怖的肉刑虽然极度痛苦，但不能在时间上延长，始终还是可以忍受。米开朗基

罗的肉刑却没有止境，被拉长了的痛苦好像随着长度的增加被加重了分量，一直抵达忍耐力的极限。但是，即使到了今天，你随便在他的作品上找任何一个局部去观赏，都依然有惊心动魄的效果。可以这么说，为了全世界的人们世世代代能得到最充分的艺术享受，我们把代价压到了米开朗基罗一个人身上，这样的牺牲是多么荣耀，多么灿烂啊！我宁愿这样的命运落在我肩头上！我还想到了贝多芬，梵高。在他们活着的时候，没有一个女人能慷慨无私地把自己奉献给他们，梵高甚至经常挨饿……时光终究会过去，那些美女艳妇达官贵人全都灰飞烟灭了，贝多芬和梵高却还是活着。当时，如果有一个女子愿意稍稍施舍一点点温情爱意给他们，他们的命运就不至于这么悲惨……但不允许。可以分担的悲剧就减弱了它的崇高与伟大，最终变成温和的闹剧，就象一个公主在地摊上推销小玩意，感觉最终将变为滑稽。

好了，我又发现了溜走的人。这是一个尴尬的时刻。我讲得太深了，而且不合时宜。大谈经典是荒诞的，甚至是可悲的。我知道很多人期待着什么，他们只接纳时尚，我好比堂吉诃德大战风车可笑至极。

其实，我是为那些留下来的人存在的。

要是所有的人都溜走了，我就为米开朗基罗、贝多芬、梵高存在！

怎么学外语

　　我是好老师。我会用讲故事的方式讲课,学生自然着迷。我的名字就注定了我天生应该担老师这个角色,宣科就是给人讲课的意思,我得了这么一个名字也是天意,因为我父亲一辈子都在给人讲道理,他的儿子再接着给人讲道理,这叫做家传,中国的很多门绝技都是家传,传着传着就上升到了国粹的层次。家传的东西当然是最优秀的,要一辈子用功守业,秘不外传,还得担心发生变故。生活在发展,什么都在变,国粹却变不得,要保护传承。不过也说不定,比如缠足,把天生的脚用人工方法弄残废,以满足变态的审美需求,那是最丑陋的东西,不要说它了,免得坏了我们的心情。

　　我到丽江市一中教的第一门课程就是外语。然后是音乐。我的第一个发明是把它们结合起来上,这样效果就好多了。我上课几乎都背着手风琴,要不就揣着口琴,不好对付了就来上一曲,让他们开开眼,凝聚精神。风华正茂的青少年,脑子里正在产生蠢蠢欲动的各种念头,你首先

要学会驾驭他们，上课才会出成绩。我用标准的英语朗诵林肯的那篇最著名的演说词，连最淘气的家伙都听得傻张着嘴巴忘了合上。我还教他们唱英语歌曲。我把当时几首最流行的歌曲改写成英语歌词，他们学得津津有味。现在已经过了30年，你们去问我的学生蔡晓龄，她肯定还会用英语唱《当我们同在一起》这首歌，她在丽江师专教书，你们不信可以试验一下。

不可思议的是，你到知识层次较高的人群中去观察一番，很容易就发现没几个人能用英语交谈。他们从初一就开始学英语，学了一二十年甚至还要长，却不会说话，岂不是怪事？原来是我们搞错了，因为我们一直在用教文字的方法去教语言，这是违背规律的做法。语言跟文字不是一个概念，语言是在文字产生之前产生的，学语言肯定是为了交谈，如果可以直接交谈，没有人愿意拿个本子在那里写呀写的。相反，要想在英语上有明显进步也不难，直接把人放到英语国家去，很快就见成效，可见学语言的关键是学交谈，交谈就是使用，使用促使我们进一步去学，这样语言和文字的学习就进入了一个良性循环系统，相互作用相互促进，进步自然明显。

我是在少数民族地区教授英语，问题也因此变得更加复杂。我们所有的学校教英语都是在把汉语作为工具的前提下，老师用汉语教授英语。对少数民族学生来说，汉语不是他的母语，我们知道每个人都有用母语思考的习惯，他们已经养成了这个习惯，却必须学习汉语并用汉语的思维习惯去学习另一种外语（英语），等于用一外去学二外，这样就绕了两个弯，给学习造成了很大障碍。难怪学生怕学外语，一上课就来个二度转折，把头搞昏，你不怕才怪。

以纳西族为例，纳西语言的好多音汉语没有，但英语有，教发音的时候，你会发现纳西学生比汉族学生发得准，比如 book，desk，do，go，纳西学生不需要老师教他胸腔震动，他本来就会，一发就准。可见学语音要分析利弊，寻找优势，利用捷径来达到学好的目的。学外语要利用母语中有利的语音特点去达到事半功倍的效果，只要有心去做，根本不难。

我办过实验班，我教的班曾经在初二统考中得过第一名，但大家都知道中国人喜欢规范，他们不喜欢冒险，我的实验班因此被强行中止，这也是意料之中的事。不过我知道"没有条件创造条件也要上"的道理，我在街道上办了一个英语补习班，男女老幼一概收纳，按我的方式教学，来学习的人都是"自愿上当"，不是我要你来，是你自己要来，所以我教得轻松流畅，没有顾虑。其实学习就是寻找开悟点的活动，各有各的方法途径，不可能规定死。

我一辈子主张为使用而学习，不必要把一大堆死东西硬塞进脑子里还要严加防卫。什么是大学问家？大学问家就是杂家，而且必须是杂家。世界那么大，需要知道的东西那么多，你没有必要吊死在一棵树上，因为再大的学科都只是一个局部。

如果你去问学生：水稻之父你们知道是谁吗？他们会说：袁隆平！你又问：他的工作领域？回答：科学家。你接着问：他是著名的小提琴家吗？没人回答。你再问：他在人民大会堂开独奏音乐会，担任钢琴伴奏的是刘诗昆，听说过吗？不仅没人回答，而且他们你看我，我看你，一脸茫然，一头雾水的样子。青歌赛上的好多选手遇到没见

识过的问题，瞎蒙的时候就是那样的表情。他们不知道爱因斯坦的钢琴弹得有多棒，临死还在欣赏音乐。他们不知道歌德还是大植物学家，而且学过解剖。我们总是只看事物的某一面，不看它的别的方面，得出来的结论当然很狭窄。我的一个学生是个才女，高级知识分子，社会知名人士，她跟社会上的很多体面人物见面的场合不外乎颁奖会座谈会研讨会总结会宴会晚会记者招待会之类，一个个衣冠楚楚风度翩翩，那是大雅之堂上的表演。想不到有一回在菜市场被人家撞见手上提满大兜小袋，一下子不知道该怎么打招呼，双方顿时狼狈。对方大吃一惊道："你也来买菜？简直……不敢相信。"她非常机智地回答："我不仅会买菜，还会吃饭。你信不信？"一个调侃消解了不期而遇的尴尬，却意味深长。人们形成了思维定式，就很难更改。是人都要吃饭，要吃饭就要买菜，人物也是人，也要吃饭，为什么不能去买菜？

大家都知道我是音乐家，没几个人知道我是画家。我接受过严格的专业训练，只要给我画板和颜料，我马上就可以画。做任何事都有诀窍，找不到诀窍的人只能算"匠"不能称"家"。我认为，学音乐的诀窍是放慢了学，学绘画的诀窍是放大了学，只差一个字。你欣赏音乐家的演奏，看见他游刃有余如入化境，就觉得他的技艺不得了，你永远学不会。一下子那么快谁也做不到，但是放慢了呢？放慢一倍，两倍，四倍，练得滚瓜烂熟，再逐渐加快，再加快……谁都可以流畅地演奏。观摩一幅名画很费时间，名画好在什么地方，眼神为什么勾人，要用放大镜看。一只眼睛里有24——26种颜色。它们在一只眼睛的范围里是怎么过度怎么变化的？你要象德国人一样严谨地研究每一点细微的变化，你就得把一只眼睛看成很大的一个空间，再把它无限细化为千千万万个小空间，甚至肉眼看不见的空间，再研究每一个小空间跟其他空间的区别，你的功夫就出来了。做学问要持之以恒，做着做着觉得有些枯燥，只要继续走下去，走到很远的地方，一回头看，曾经的烦躁变成了五彩缤纷趣味无穷的东西，那时的快乐难以形容。有些人天天讨论什么是资本主义什么是社会主义，你们连《资本论》都没有读过，有什么发言权？领导不读原著，学生读大学也不读原著，都是空谈，拣起只言片语就如获至宝，方法论出了问题，结果当然不理想。丽江市的市委书记是博士，这很让我自豪。有一次在重大接待的场合，我对省委领导白恩培先生说："我们丽江的领导是博士。如果你们派来管理丽江的人不是博士，遇到宣科这样的人就麻烦了。"在场的人会意，一起大笑。我说的是玩笑话，但也可以认真听，我也是有画外音的，如果所有的领导都有深厚的学问功底，中国的事情就好办多了。

　　我一直保持读英文小说的习惯，我在用我的方式听人物说话。我参观了莎士比亚故居，就学习它的方法设计布置我的卧室。我的庄园的主体建筑贯彻的是我的设计意图，图纸我都自己画。有的人一边感叹人生短暂一边抱怨没事情可做，还喜欢参与勾心斗角来解闷，这是短命心态，我不采纳。我的心态是长寿心态，海阔天空任我飞翔的心态。每天早晨我在小鸟的喧闹声中醒来，窗口流进大量的晨光，我一睁开眼睛就要看报纸杂志，了解世界上发生的事情。我看到这样一个故事：

有两个强盗骑着自行车在山麓奔驰。他们跑累了，就在田埂上歇息。后来两个人都想大便，就迎风蹲在田埂上一边解决问题一边聊天。这个只有儿时才可以做的动作现在被自然而然地做着，异味被强劲的风吹得干干净净，觉得无比惬意。一个就说："我们太自由了，皇帝也不过如此。"另一个反驳说："皇帝哪有这样的福气？他身边总是围着跟班，怎么可能如此享受？"

在英国牛津大学老校区讲学后留影

被遗忘的人

　　人生总有那么些人和事叫人忘不了。一个叫雷的男人，像刀刻般留在我的记忆里。

　　我们认识是在龙云时代。当时的世界艺术中心在巴黎，云南省主席龙云的资源委员会有一笔专款用于为云南培养艺术精英，野心勃勃的年轻人都希望自己能被选中到欧洲学习深造，但幸运落在了两个青年身上，一个是廖，一个是雷。要是幸运降临于我，那就有好戏看了。可惜我那时候一点也不显眼，年纪也太轻了，还排不上号。

　　雷的生命意义是拉小提琴。他拉云南民间小调，名气已经如日中天，到哪儿都引起轰动效应。得以被选中到欧洲深造，可见他当时的实力已经被社会认可，是青年学子中的佼佼者。得到深造机遇的雷是兴奋的，他向往外面的世界，没想到自己的翅膀那么硬，居然可以飞那么远！少年得志，春风得意，他高扬起生命的风帆兴高采烈迎接了命运的挑战。

　　留学途中先到了香港，他在舞厅里一亮相就大受欢迎。

只要有人喜欢他的琴声，他不在乎什么身负使命。香港的生活有它特异的风格节奏，那股国际都市自由浪漫的气息、众多生活方式和谐并存的无拘无束的气氛让他迷恋不已。从雪域高原大山皱褶里走出来的雷扑进了低海拔的大海与绿洲的怀抱，沐浴着腥风软雨，灯红酒绿，尽情放纵身心。世界上的艺术家大都是放荡不羁之辈，他们的生命要在哪里停留似乎不是交给理性去决定，而是看自己一时高兴率性抉择。声色犬马，异国情调，加上海滩、别墅、热带植物、阳光、美食的熏陶，雷忘记了自己的目的地，沉醉在香港的激情怀抱不愿苏醒。

云南方面派人找到了他，说服他去法国完成留学使命。他很简洁地拒绝了对方，照样我行我素。龙主席得知情况后连连感叹："孺子不可教也。"早知如此，另选他人就不至于落得人财两空的境地了，可见跟艺术家打交道是件没有底的事情。他们很难顾及别人的感受，只关心自身对生活的体验，这是专注，也是偏执的表现。没有这种唯我独尊的意志力，艺术家成不了气候。

等廖学成归来，雷又在昆明亮相了。这回，他厌倦了香港的海腥味，回到云南大地，一如既往过着卖艺生活。昆明的谊安大厦是当时最高规格的酒店，住在那里的外国人很多。雷经常出入那里，演奏一些外国名曲和流行歌曲。他不修边幅，头戴一顶毡帽，一双布鞋后跟踩平了当拖鞋穿，吸鸦片，一副颓废派作风。可是所到之处，他从来都大受欢迎。只见他把小毡帽一揭朝空中一划，嘴角溢满笑意，很诱惑地说："我给大家拉一调……"观众立马欢呼雀跃。雷的名声依然很大，技艺依然精湛，在开会的场合也会被

大家推出来露一手。他的绝招是拉非常快速的曲子，听得众人眼睛发直；他还能用提琴模仿歌唱者的腔调语气情态，简直是惟妙惟肖。

后来雷进了我们文工团当演奏员。他卓尔不群，跟大家反差很大。他的名气摆在那里，理所当然是第一小提琴。我很年轻，但是我非常热爱文工团的工作，对艺术精益求精，一本正经。那是一种幼稚的美，很容易被那些历练深厚的人们笑话。我们当时正在排《黄河大合唱》，我是指挥，我让他奏第一声部，结果他偏要奏第二声部，大家没奈何，都拿眼睛瞪他。我叫大家停止，说："第一声部。"他答应："好嘞！"完全是跑堂伙计的作派，满身油气。大家大笑，他也不生气。他这样的人，根本不会考虑别人的感受，只要率性而为痛快则已。

成了正规军，就要受纪律约束。那时文艺工作者经常要跟大领导打照面，接待呀会议呀随时少不了，单位领导怕那些有不良习性的人给领导留下不好印象，就一个个找来做思想工作。知道他吸鸦片烟瘾大，就把他找去谈话，干脆跟他摊牌，要他尽量戒了，说影响不好。他很谦恭地答应下来，回来照样我行我素。

他经常游走民间，在民间素材的基础上编出了跑马山耍山调，呈贡小调《大河涨水沙浪沙》，又进一步写出了小提琴独奏曲《耍山调浪漫曲》，老百姓喜欢得不得了，名气搞得特大。他拉琴不守弓法，做事也不讲章法。我们去慰问部队，场面很大，上场的艺术家不少。可是他一亮相，观众就只知道他了，欢呼声惊天动地。名气到了这种地步，他更是什么都不放在眼里，干脆跑到酒馆茶楼去拉琴挣外快，满足越来越深的烟瘾。那时候发的工资很微薄，只够吃饭，不让他吸烟，无异于让他死。他索性把手中的意大利名琴卖了，换钱抽鸦片。单位知道后又给他买了上海东方红乐器厂生产的提琴，性能算是出色，但他又把琴卖了。单位知道从旧社会过来的艺术家带着这样那样的毛病，改造他们不是一两天的功夫，就帮他把琴再赎回来。这回他不好意思回单位了，彻底游荡在乡野民间的茶棚饭铺，成了流浪艺人。此他到处游走，天天喝酒，在大醉中混日月。所到处仍然少不了欢呼声，但潦倒之气已经深入骨髓。正经的演出没资格参加，观众的喧闹声中掺杂了玩弄奚落的意味，他不是不知道，但他已经看破红尘，连生命也置之度外了，什么向上向下悲观乐观，都没有意义了。一天，他在昆明东郊一个铺子喝得烂醉，醉后如厕，跌下茅坑。众人见他半天不来，生出疑心。等大家发现将他捞起，已经没有气息。消息传到团里，一片叹息唏嘘。

一代天才人物，却毙命于茅厕，令人感慨不已。

我现在经常想起他站到台上时的风采。琴弓在跳跃，华彩段落在跌宕起伏，他沉没在激情中，忘我地飞翔。那是沉醉，比酒意更深厚的沉醉。那是快乐，比情爱更疯狂的快乐。什么是人的极限？他肯定是知道的。每当我想起他，内心就有一种说不出的哀痛。大凡有深度的人都容易成为悲观者，他们在那个通向深渊的深洞口盖上东西，不叫人看出来那里的真相。酒鬼不承认自己醉，疯子不知道自己疯，雷说到底只为自己活，这是他致命的局限。作为艺术家，他的境界不够高。只为自己活很容易出问题，太狭窄了往往过不去，摔下去，毁了自己，也毁了事业，糟蹋了老天

给的才华，多么可惜！人只有战胜自己才可能真正成为人。逃避自己的使命，完全被个性牵着鼻子走，断送了世间多少英雄！放浪形骸固然痛快，绳索自身有时候却是必须。有哲学家把人生比喻为走钢丝，稍有不慎就会粉身碎骨，那份惊险分分秒秒存在，警惕心不可松懈丝毫！正因为活得累，生命的航船才能到达终点，《简爱》里有句台词："人活着就是为了含辛茹苦，"说得精彩。拒绝受苦就是自绝于生命，为使命和责任受苦便是崇高，雷锋说"要把有限的生命融入到无限的为人民服务之中"，他是真正懂得生命的人，他做到了，他是一个快乐幸福的人，因为他在为人民服务中忘记了生命是个悲剧，他远离了虚无。北岛写过，"高尚是高尚者的墓志铭"。这话很有意思。人生有得有失，你要什么，为此甘愿舍弃什么，要你自己作出选择。选择了就要承担，要承担就得担住了，那就得受苦受累一辈子，所以才叫做崇高，叫做墓志铭。

宣科先生亲笔签名的书已经成为纳西
古乐演奏后一份可以带走的丽江礼物

丽江的沙龙

沙龙，也就是聚会的场所，西方贵族首先玩出这种花样，当然是为了玩，但也不全是为了玩。要说玩，人类发明的所有玩意都是为了消磨时间，与虚无周旋，但一个玩字也分层次级别。沙龙里的玩法也一样，命妇名媛不愁吃穿，待在客厅花园里，就需要有人陪着玩随波逐流的情感游戏，骑士阶级就这样在崇尚武功时代结束之后一落千丈，沦落到客厅花园成为贵妇人的玩物。然而，客厅里的人物毕竟不同于做小本买卖的普通市民，他们懂艺术和文学，也玩些探寻生命哲理的高雅东西。西方的贵族阶级对人类的一大贡献就是收藏了大量艺术作品，既养活了艺术家，又传承了人类的精英文化。沙龙就是他们玩赏艺术的地方。在巴尔扎克时代，资产阶级野心家最大的成功就是得到贵族沙龙的入场许可证，他们不惜为此亏尽血本。对人类来说，吃饱喝足的价格远远比不上精神产品的昂贵，这是一个规律。

20 世纪，丽江民主路下坡处是一块开阔平地，野草丛生。此处面对狮子山，野地一侧背靠高坡，是枪毙犯人的场所。这种功能到了 70 年代末依然发挥着作用。但是，从某一天开始，政府选中它来建造一个大广场，兼有体育场、露天会场等多项功能，面积要特别大，要有环形看台，要装下几万人。丽江多能人，出奇人，负责技术设计指导工作的是周善甫先生，也就是周霖先生的弟弟，一位学富五车的大师级人物。工人们多为劳改犯，或者是些有这样那样问题的社会底层人士。留在大师左右的当然是他最看重的年轻人中的尖子。大师落脚在简易工棚，用搪瓷口缸喝茶，貌不出众，盘腿席地而坐，腰身笔直，姿态庄严。其他还有张墨军、吕绍康和我。我当时在街道锯木厂当工人，一有空就往工地那里跑，到了那儿，我们几个自然汇拢，开始大放厥词。我们的谈兴从来高涨，几个小时甚至十几个小时，头头是道，慷慨激昂，夹杂人间种种学问哲理才思妙悟，谈得昏天黑地不辨晨昏。这几个都是落难大才，个个都有不可测的本事，交锋起来的精彩情景，只有在场者可以领会。大师最关照的是一个姓李的青年，政治上受过一点挫折。每次我们畅谈，小李都伴随其间，后来考上了师大历史系，应该说是启蒙老师教得好。小李后来很有造诣，但对老师一直非常尊敬推崇，可见大师的功力对后生的影响之深切。

后来回想，那就是我们的沙龙。沙龙是知识分子交流思想的地方，这是它的本质。我那里还有一个团队，有歌唱演员，音乐爱好者，演奏员，想考艺术院校的学生，那也是一个沙龙。我们在一起写歌，唱歌，高谈阔论，自由自在。古人说物以类聚，我们这些有思想有追求有抱负的

纳西古乐会在挪威友人家中做客

家伙，在边地小城过着平凡的日子，所能做的就是找到几个志同道合的人，在一起缅怀我们的理想。在外人看来，这只不过是几个疯疯癫癫的家伙，做着异想天开的美梦，傻帽一群而已。但是，时光转眼流逝，我们中的成员都有了不可思议的前程。善甫老师的两本大作相继问世，惊动了全国，一代国学大师的英名与日月同辉，向世人证明了丽江乃藏龙卧虎之地。小李现在在省里的一个重要岗位担任领导。和能刚考上了中央音乐学院歌剧系，后来又到德国学哲学，成就显赫。和静考上了上海音乐学院，毕业后在昆明某出版社工作。我把纳西古乐和我自己推向了世界。如果我们几个再次相聚，一定会为我们当年的缘分深深感恩。要是没有那个时候我们之间的相互支撑，没有我们的沙龙里无所顾忌的畅谈与交锋，哪里会有我们的今天！我们正是甘愿为他人充当了磨刀石，才保住了我们的锋芒，我们就是对方成功的基础保障。我们相互成全，我们肝胆相照，所以我们成功。

其实，推想过去，丽江在半个多世纪前就有沙龙。当时抗日战争到了关键时期，北方的著名大学搬迁到昆明组建了西南联合大学，一时间精英汇集，文化中心南移。一些著名学者受丽江地方的邀请到中学任教，形成了人才济济、学术繁荣的局面。除了昆明，又凸现出丽江和大理两个分中心。名师出高徒，好教师来了，教学质量大大提高，受益的是我们这些学生们。西南联大那些赫赫有名的人物在中国现代史上留下了光辉业绩，人人皆知的我就不说了，只说在丽江中学任教的刘鲁也，姓刘，山东人。他只用6、1、3三个音符就写出了歌曲《金沙谣》，动听又上口，一时

飞遍大江南北，到今天来看依然是经典之作，叫我佩服得五体投地。如果不是那些老师打开了我们边地学子的眼界，云南肯定出不了那么多人才。也就是有了那样的历史氛围，我们才出了周霖、赵银棠、周善甫，才有了今天的文化腾飞。

今天的丽江已经是一个国际舞台，固步自封必然自取灭亡。今天的丽江老百姓在办旅行社，开宾馆客栈，经营景区景点，炒股，打高尔夫，他们忙碌得很，精神得很，滋润得很，你不用担心他们跟不上时代。几十年前，这些场景我们想都不敢想，我们的儿孙却做到了。奇迹就这样发生了，他们很自信地说，没什么了不起的，我们还要比这个好！比这个好要怎么好？我也想不出来，让历史去回答吧。

民主路上的那个广场上，发生过好多重大事件。两次国际东巴艺术节的开幕式安排在那里，香港回归庆祝大会在那里召开，都是几万人的规模，铺天盖地的《神路图》从狮子山顶铺下来，越过民主大道，一直延伸到会场，变成表演现场的大背景牌了。你想想那是什么样的气势吧。

也就是这两年吧，广场周边建起了一幢幢新楼，香港会，大昌隆，丽客隆，连我这个老丽江都想不起原来的丽江客运总站是什么样子了，只模模糊糊记得当年的民主广场旁边是公路十团，对面是狮子山烈士墓，背后是汽车总站，那是丽江最大的国营单位，我教过的学生中，最闹的就是总站的子弟。哪里是当年我们沙龙的地界呢？再也找不到了。没了。一笔勾销了。

有一天，我经过广场，发现它穿上了衣服——被整个包裹起来了。它的环形看台不见了，底层一圈铺面曾经何等热闹，那些理发店小卖部全不见了。我很诧异，问别人，才知道广场被人买了。那么大一块地皮，要多少钱才能买到？谁有权利卖它呢？当然是政府了。这是我觉得最新鲜的新鲜事了，广场都可以买卖，要不是改革开放，你也敢想？我问那些公务员，他们回答说：不要担心，我们修建的新体育场在香格里拉大道北段，多功能，现代化的设备，漂亮得不得了！你去看一眼就知道了。

终于有一天，我经过民主广场，却没有觉察。它的地基上已经建起了大厦，是大城市那种分 A 座 B 座、相对独立又组合在一起的现代城堡。密密麻麻的公寓，可以住多少人家呀？崭新的楼宇自信地融入了周围的建筑群，一个新时代已经迈出了惊人的步伐，把我们这些老家伙甩在身后了。

再往前就是新大街，丽江的中心。只见摩肩接踵的人群在导游的小红旗指引下有序地移动，街面上车辆川流不息，城市灯火通明，恍如幻境。我分不出哪些是游客哪些是本地人了，人山人海，道路两边的店铺起着光怪陆离的名字，丽江已经变成了新世界。

此刻，我的小女儿，一个纳西女孩，在遥远的英国留学，说着英语。她是自己考上的，虽然我有很多出国的门道，却没有派上用场。我的二叔，我的姐姐们都在国外，异地生存，说着所在国的语言。他们都是丽江人，住在地球上不同特色的地方，自然地发展。就像我此刻看见的无数外地人，他们融入了丽江，变成了新丽江人。

这是一个流动的世界，这是国际化的丽江与丽江人。丽江是个小地方，有人把它叫中国的后花园，可见它的第一特色是美。你们看见丽江人来人往，天天都像过节一样热闹，其实这个方寸舞台每天都发生着飞速变化，观念，生活方式，不同文化的冲击交融，个人命运的突变，自我选择，一切都以不可思议的速度变更。今天的生活更加个人化了，加上流动人口的大量融入，丽江人的价值观也在剧烈变化，他们走向世界的脚步更加坚定了。我越发相信丽江是一个适合精神生活的地方，它适合一切有思想的人，有追求的人，有全球意识的人，有价值观的人，有创造性的人，对生活不满足的人；这些人聚在丽江，可以碰撞他们的内心世界，找到他们渴求的生存理想。丽江，确实是一个适合产生沙龙的地方，丽江的沙龙越多，证明它活得越来劲，它的魅力正在充分发挥，命运注定，希望无限。

宣科先生父女在夏威夷珍珠港留影

校歌专业户

　　这是一个玩笑的说法。"专业户"——，我们对这个有中国特色的词语很有感触，它标志着一种时代运行的轨迹，也指向了那些在改革开放 30 年来敢于弄潮于激变的社会现实并脱颖而出打出了新天地的成功人士。我觉得这个词跟"红小兵"之类有独特历史韵味的词汇一样会永载史册。

　　近年来，我写了 10 首校歌，这是我把自己称作"专业户"的理由。此前我把纳西古乐经营得有声有色，扬名中外，可以算作"民族文化专业户"吧？许多人就是这么看我的。可是只有作曲时候的我才是真正的我。半个世纪前我还是血气方刚的小青年，热爱疾风暴雨的时代，勇敢创作了《战战战》、《朝鲜我们的好兄弟》等脍炙人口的群众歌曲，那些歌曲广为传唱，后来随着历史足迹的远去淹没在民间，但其中的每一个音符都活在我心里，包括产生它们时的每一个细节，在我心里一直都鲜活如初。写那些歌的时候，我每天在大山里跋涉，晚上在猪食槽里洗脚，吃着上顿没下顿，可是我精神十足，热血沸腾。记得我的老师刘鲁也

谈起音乐来宣科总是那么动情

采风归来，神秘地对我们说：作曲的关键是简约，用最少的音符写出最好听的歌。说完他就教我们唱他新创作的《金沙江》，那么上口，那么丰富，那么自然婉转，波涛汹涌，浪潮喧天，却只用了613三个音符！简直太神奇了。那时候起我就认定自己适合作曲，你不知道我听到一首好曲子时的状态，我的灵魂被它钩住，提到空中，晃晃悠悠，忽闪忽闪，全身的血液忽而凝固，忽而喷发，在天堂与地狱间穿梭自如，说生死相许也不过分。一个人尝过那种滋味，再尝其他东西就觉得无味了，不过瘾了，创作啊，就像精神病发作，发一次就可以平静一段时间，但彻底平静是不可能的，不再复发也是不可能的。后来我入狱劳改，从事重体力劳动，没有精力作曲了，只能把中外经典在脑子里演奏鉴赏，算作自我安慰。小时候我们熟读过四书，对孟子那段天将降大任于斯人的名言刻骨铭心，如果仅仅把人生理解为换口饭吃，仅仅为了把物质的躯体的生理活动维持下去，我是活不到今天的。

丽江市一中百年校庆是一件大事，它是我的母校，也是我工作的单位，我对它有一份特殊的感情。有一天，赖校长和我遇到一起，他当场写了歌词，经修改润色后，我很快为它谱了曲。对我们两人来说，那是一次灵感的碰撞，碰出了奇妙的火花。我拿着简谱到了市一中，找了一批高二的同学，到阶梯教室里教他们唱。一看，效果非常好，我高兴坏了。这回要写分谱，伴奏谱应该是一个相对独立的管弦乐谱，要费点劲。写出来后，我到昆明去找德高望重的叶教授，叶教授帮我请来了云南艺术学院的著名作曲家刘教授，刘教授爽快地应允下来，第二天就在课堂上录

了音，请叶教授交还给我。回到丽江后，我请和文明把它做成 MD，它到底怎么样呢？历史已有定论，我自己就不说了。要说我的心情吗？那就好比又生了一个孩子，而且是才貌双全的孩子，那时我 70 多岁了，所以还是老年得子，你想想那是怎样的幸福吧！叶教授曾说曲子有点宗教色彩，可以想见我是怀着怎样的虔诚与挚爱来写这首歌的，我为之倾注了自己最纯粹的热血，毕生的激情与信念。

歌曲写好后，我带着 20 个学生去市电视台录音。孩子们兴致很高，可是人家只要 10 个人。刷下来的孩子很沮丧地等在旁边，眼睛里飘着一层水雾，只差一点眼泪就下来了。我连忙鼓励他们，说你们都唱得很好，不要泄气，下次再找机会什么的。结果呢，人还是多，又减掉 5 个。我给他们每个人发了五块钱，叫他们一起去吃午饭。毕竟是孩子，有一起吃饭的机会，马上就高兴起来，兴致勃勃地走了。留下的五个孩子，一个个进去录音，这就是我们今天听到的丽江市一中校歌，就是他们几个唱的。他们确实唱得很好，不是吗？

后来好多学校请我写校歌。写好一首歌不算难，难的是写了还要写，每一首都要有独立的风格。作曲最重要的是乐思。当某个想法纠缠住你，灵感开始涌动，甚至掀起翻天巨浪，你就要在狂风巨浪之间睁大眼睛，寻找你的主题，弄不好就会迷失。当你确定了它的主导音型，跟着就要思考它的发展、节奏、调性变化、织体的丰富，这里面需要精心设计，更可贵的是要一种天然流畅的韵味，好像那些乐句是从世界的某个地方自然生长出来的一样，只有那样的东西才可以流传。我写市一中校歌时，牢牢地抓住了了抒情性，我要它像宗教音乐一样圣洁，像信仰从俗世超然飞升，像青春一样深邃而明丽。一首校歌最好不超过11度。我给它的空间是10度，A+B+A，严格按照作曲法操作。大研中学的校歌，最早有想法的是校长黄老师，他要我来做这件事情。没多久他就调走了，新校长是和老师。这回词曲都是我写。我想大着胆子放一点爵士的元素进去。3度—5度的和声，展现青少年的朝气蓬勃活泼跳跃，让青春的醇香在天地间流泻。爵士节奏的切分可以活跃气氛，没有说教色彩，尊重个性，解放身心，还有余音绕梁的回味，我就把木琴的声音放在末尾制造效果。它的特点是漂亮，很漂亮很有气质，有点深奥。我喜欢那一点点深奥，就像我们遇到心中的偶像，那种发自内里的震撼，表面却装作若无其事。梁官中学的校歌，我选择了进行曲节奏，描写勇敢、自信、勤劳的性格品质，你就像看到了那些出身贫寒却志向远大的农村孩子在奋力抗争，他们穿着朴素，为人友善，孜孜不倦，吃苦耐劳，你从他们身上可以看到国家的希望，民族的未来，你会信心倍增，甚至返老还童。我就要表现那种以苦为乐的精神品格，那种乐观豁达，那种大方振作，来震动今天昏昏欲睡的现代人。每一首歌，我都有想法，都不许重复。现在随便能唱点歌的人都在作曲，我希望他们学深一点，把基础打牢，不要浮在表面。消费时代的一切都平面化了，瞬间化了，不追求恒久价值，不要深度，不要原则，那是自欺欺人，没什么意思。

　　另外，我作曲不是使命在握那种沉甸甸的操作，而是貌似漫不经心，好像没那回事的样子。我好像把这事搁在一旁，甚至忘了。其实我陷得很深，时时刻刻在想那个东

西。我打腹稿的过程有时长有时短，到瓜熟蒂落，提起笔来，一挥而就，一步到位，没有什么障碍，很快就成型了。我不相信疙疙瘩瘩能写出好东西。任何艺术作品都与万事万物同理，要气韵丰沛，形貌生动，好像不是你在"作"它，而是它在"作"它自己，它在生长成它应该成的样子，你只不过起了催生婆的作用。有的人很严谨，用劲很"狠"，太刻意了，耗尽苦心，作品却无法流传，没人爱唱，很可悲。我不喜欢那种状态。如果让我选择，我宁可不出名，只要我的曲子到处流传就行。音乐是作用于心灵的，触得越深越好，说明作品有力量，有效果。不痛不痒是最大的失败。

也许要说再见了。不过，那只是幕间休息。我还会出台。

太显眼

　　我的烦恼肯定比你多。仅仅每年到很多个学校发奖学金，到村头参加水平不高的演出队的活动，你就会烦。任何事重复多了都会烦，除了吃饭以外。

　　我住在 80 亩庄园里，也算隐居。那么大一块地方，不用于商业经营，只单单供一家人居住，这种事情堪称罕见。我家成员 5 个，一个在英国留学，就 4 个人在家居住。加上司机、花工、清洁员、炊事员、门卫，也就 10 来号人。我原来有个助手，为了不影响年轻人的前途，我推荐他去了报社。

　　我事情太多。家里挂个小黑板，上面写着最近两天要做的事情，免得忘了。人怕出名猪怕壮，出了名，人家都把你当回事，要出场面的时候，自然就想到你，早早送来一张请柬，看你把不把人家的事当回事。我请柬太多，人家是尊敬我，不把我当老人，我当然要做出得体回应。经常有百十里外的村子搞文化活动，路途遥远，我不怕困难，总是亲自到达，还要送上赞助费。有的乡村公路很简陋，

我在上面颠簸吃灰尘，没有怨言，心里很高兴。一个被社会承认的人，有义务为社会做事，这样很充实。遇到相识的人有红白喜事，我也亲自登门，挂礼，寒暄，待客的饭基本上吃不了，年纪大了，平时吃得简单，大鱼大肉已经不习惯了。

作为董事长，我真的很懂事。脑袋瓜还灵便，公司的事，家事，亲戚朋友的事，政府的事，社会的事，事必躬亲。80多的人了，睁开眼就有做不完的事等着。我交友广泛，他们出版了著作，都会寄给我，读书一直是我最喜欢的事。朋友们都有大出息，散居世界各地，他们带来的书籍帮助我及时了解这个时代，使我在小地方保持了精神的领先。我读中文书，也读英文书。只要没有外出，我就整天待在书房里，孜孜不倦读书，一日三餐也在那里进行。

公司的事，我一个人操心。俗话说打江山难坐江山更难，纳西古乐的品牌打出去了，这面旗帜就必须扛下去。我扛得有多辛苦，谁知道？一个演艺公司，拿出的是精神产品，这样一个喜新厌旧的时代，好东西都在飞快地过时，凭什么要人家老记着你？单说每天晚上的演出，人家游客来买票，先问一句：宣科来不来？回答必须肯定，而且要说到做到，票才卖得出去。个别时候我突然去不了，人家就要退票，你就必须退给人家。这就是市场经济的残酷，它只认强者，淘汰弱者，你干不了了，就把舞台让给比你强大的人。一个80多的人，要跟年富力强的家伙们一样打拼，那可不是开玩笑的事情，拼的是硬功夫！好在我特别能撑，身体也算争气，再当个十年八年愚公也不是不可能，愚公挖山不止，那种精神我欣赏，而且要实践到底。男人最重要的品质是不服输，这是我最突出的性格特征，哪怕我病得不轻，也不会叫外人看出来，几次住院都是在讲台上突然发病送去抢救，大家都搞不清这么一个活蹦乱跳的人怎么说倒就倒了，其实我倒下以前已经很难受很难受了，但是我撑着，谈笑风生，不让你们看出来。这就是我。

古乐会原来是个民间团体，自由组合，也就是文人墨客聚于兰亭啊滕王阁啊玩琴棋书画的传统文化形式的延续，图个风雅自在。君子见机，达人知命，丽江人喜欢它，保留下来了。不过我们的乐手不仅是知识分子，还有三教九流的人物。成员不受纪律约束，来去自便。按今天的话说，大家都是哥们儿，没有高低之分。全国有很多地方都有这类组织，政府扶持一下，证明这个地方有传统，这些组织不可能有大的作为。

到了 20 世纪 80 年代，我预感到历史的巨变正在发生。那时候旅游业还没有起来，丽江还是个偏僻小地方，但是我已经不满足于小打小闹，而想真正做一番事业了。我是个做将帅的材料，当老师显不出我的才能，教得再好也只是个小兵，所以我要有自己的队伍。现在反过来看，机遇只会给那些有准备的人，我那时候已经在反复想古乐会的命运了，我首先要确定它的价值，要研究很多东西，找到历史深处的答案，我是费了大量心血的。再看古乐会里的老人家们，他们被一个不安分的家伙吸引了，他的做法目的鲜明，就是想当古乐会的头，想当这个家，大家都看得很清楚。怎么办啊？是把这个野心家驱赶出去，继续循规蹈矩玩我们的老祖宗玩惯了的那一套？还是把这个家伙捧出来，大家跟着他走一条新路？大家心里的斗争那个激烈

在瑞士音乐城

法就不用说了，何去何从，必须当机立断。

人算不如天算，我的命运是时代注定了的。大家最终选择了我。理由有很多条：我懂音乐，懂历史，懂文学，懂外语，懂西方文化。我与人为善，心思灵活，明察秋毫。我口才出众，不是一般地出众。我是一个出色的外交家。我野心勃勃充满生命力。这是从我的价值与素质的角度说。换到大家的角度，人生好比舞台，在世界的舞台上人人都是演员，是演员就要有观众，有观众比自娱自乐好，这是常识。谁都有好奇心，大家的好奇心被我唤醒了，大家也在想，这个古乐会还可以有别的玩法吗？要不我们就来试一试？这种心理是我取胜的关键，虽然他们还不是完完全全想推我，但他们半推半就犹犹豫豫，至少给我留下了50%的机会，事情的转机就在这里。

我成为领头人是古乐会发展的转折点。谁会想到丽江已经面临千载难逢的机遇，政府的大旗一挥，我们竟然要打到英国去？此前的数年我已经做足了宣传，向国外来的散客大肆宣传丽江文化，国外的报刊上已经有大幅文章谈论丽江文化，这是前奏，很精彩的前奏。在国外的名气弄大了，我们才可能被邀请去访问英国，这些都是一环扣一环，是连续剧。你们想想，一群离退休人员组成的乐队，突然有机会到英国去演出，大家心里的震撼该如何形容？那时候出国还不是容易事，乐队的成员多是老人家，连飞机都没有坐过，一下子要跑到欧洲去，心里的慌乱可想而知。在确定出国人选的时候，真的是人心惶惶，老人们的家人怕亲人在远方有什么不测，不敢让他们冒风险。但老人们表现出的勇气与胆识是前所未有的，他们像荆轲告别易水

那样，做好了壮士一去不复返的思想准备，写下了生死文书，表明一切责任自负，与外界无干。到这个程度，什么力量也阻挡不了我们，纳西古乐走出国门已成定势。我们真的去了，而且赢了。

品牌立起来了，我开始搞股份制，公司化运作。这是为了纳西古乐的长远发展和丽江文化的长远利益。我们走向了市场，就要按现代经济的方式操作，把我们的事情做得有模有样。我变成董事长后，事情有了微妙变化。过去我和大家是很单纯的朋友，合得来就聚在一起，没有地位之分。现在大家把我当老板，我们之间变成了上下级关系，他们做得不好的地方我要去批评，这是很尴尬的事情。有的老人的儿女们对他们说："家里不困难，用不着去给宣科打工，外人看着还以为我们做儿女的不孝顺，榨老人的血汗呢，回来享享清福吧！也算是给我们儿孙一个面子。"你看，话说到这个地步，我也不好勉强人家了。我做了董事长，运作一个公司，收入当然比大家高。有的人心里不平衡，干脆跟我分道扬镳了，一起创业的朋友把昔日的情分断了，很难受的。我因为纳西古乐得到了很高的荣誉，这也是让别人不高兴的地方，我的名字跟古乐一样红了，其他老乐师却没有留下名声，难怪人家不高兴呢，换了我也好受不了。这样一些微妙的摩擦要用心去解决，而且不能急，对我是一个考验。走的走了，来的来了，世界要运动，我不能让大家停在一个点上。古乐会走了几个台柱人物，我不说谁是谁非，人家要离开我去发展，那是人家的自由。我只说我希望他们留下，希望古乐会长寿，每个乐师对我来说都是熊猫国宝。我经常想，丽江发展到今天，

宣科先生做客 CCTV 人物秀栏目，与主持人
张泉灵女士在"四书五经"现场

当初谁也没想到，世事变迁，起落沉浮，把人心的距离拉
大了，这也是必然的事。我只能决定古乐会的今天，决定
不了它的未来，未来的纳西古乐怎么走，那是后来者的事。
我只想善始善终把这面旗帜举好，保持高度，不让它变色。
我只能尽力而为。历史将作出新的选择，我知道这一点。
如果我是一座山峰，那我等待着攀越者站在我头顶，去攀
登更高更大的山峰，那样我的生命才能有效延续。

宣科先生和蔡晓龄女士历时 4 年完成了《公民宣科》

图书在版编目（CIP）数据

公民宣科／宣科口述；蔡晓龄著. —— 昆明：云
南大学出版社，2011
ISBN 978-7-5482-0616-3

Ⅰ. ①公… Ⅱ. ①宣…②蔡… Ⅲ. ①宣科—自传
Ⅳ. ①K825.76

中国版本图书馆CIP数据核字（2011）第199057号

公民宣科

宣科 口述　蔡晓龄 著

书名题字：杨宏坤
责任编辑：柴　伟
封面设计：潘宏义
装帧设计：万众传媒

出版发行：云南大学出版社
印　　装：昆明市五华区教育委员会印刷厂
开　　本：889mm×1194mm　1/32
印　　张：9
字　　数：187千
版　　次：2011年10月第1版
印　　次：2011年10月第1次印刷
书　　号：ISBN 978-7-5482-0616-3
定　　价：50.00元

地址：云南省昆明市翠湖北路2号云南大学英华园内（650091）
发行电话：（0871）5031071/5033244
网址：http://www.ynup.com　E-mail：market @ ynup.com